成功与失败
人际关系的亲疏
} 决定性因素 ➡ **你是否会说话**

关键原因 {
前者——运用了各种心理技巧
后者——不懂得运用心理学

语言 ⬌ 心灵

心理学家会通过语言来破解人们的心灵密码。如果我们懂得心理学的奥秘，能破解说话对象的"心灵密码"，这样你就会成为说话的"策略高手"，也可以形成一套自己的"说话艺术"！

心理学的奥秘
"攻心"

表达心理
什么场合，说什么话

成功者曾这样总结："能说会道是成功的重要因素。"

失败者则这样归纳："不会说话往往处处碰壁。"

注意：在不同场合下，人们不同的心理需要。

说话心理学

蔡 践 〇 著

中国致公出版社·北京

图书在版编目（CIP）数据

说话心理学 / 蔡践著. --北京：中国致公出版社，2023.11

ISBN 978-7-5145-2160-3

Ⅰ.①说… Ⅱ.①蔡… Ⅲ.①心理交往－语言艺术－通俗读物 Ⅳ.①C912.13-49

中国国家版本馆CIP数据核字(2023)第171361号

说话心理学 / 蔡践著

SHUOHUA XINLIXUE

出　　版	中国致公出版社	
	（北京市朝阳区八里庄西里 100 号住邦 2000 大厦 1 号楼西区 21 层）	
发　　行	中国致公出版社（010-66121708）	
责任编辑	颜士永	
责任校对	魏志军	
策划编辑	蔡　践	
封面设计	荆棘设计	
印　　刷	三河市众誉天成印务有限公司	
版　　次	2023 年 11 月第 1 版	
印　　次	2023 年 11 月第 1 次印刷	
开　　本	710 mm × 1000 mm　1/16	
印　　张	13	
字　　数	131 千字	
书　　号	ISBN 978-7-5145-2160-3	
定　　价	58.00 元	

前言

· · ·

　　语言是思想的外衣，是人类交际必不可少的工具，在人与人的交往中，说话的艺术以其独特魅力和力量，一直发挥着不可替代的作用，直接影响我们生活的方方面面。

　　著名成功学家戴尔·卡耐基曾说："一个人的成功，仅仅有15%取决于专业知识和技术，而其余85%则取决于口才艺术。"口才是思想的外壳，是人与人沟通的桥梁，任何人际关系的处理都需要靠说话的技巧来协调，任何专业知识的发挥都需要靠说话的艺术和技巧来实现。

　　在我们每个人的生活中，总是要在各种场合和形形色色的人打交道，在什么场合该说什么话。要知道，在场每个人的心理特点、脾气秉性、语言习惯等都是不尽相同的。那么如何提高自己的表达能力无疑是重要的一课。

　　要想充分发挥语言的魅力，必须学会运用语言心理学。正如世界著名心理学家阿德勒所说：一个人要想成功，就要抓住能够帮助你成功的人；要抓住这些人，就要抓住他们的内心；而要抓住他们的内心，靠的并不仅仅是渊博的知识，而是准确掌控对方的心，看透对方的心，并在这个基础上用恰当的言辞发表自己的看法和意见，这样才能获得他人的认同。

只有在与他人的交谈过程中，善于看穿他人的心思，捕捉对方的真实意图，才能更好地拉近彼此之间的心理距离，才能恰如其分地把话说到对方心坎里，产生共鸣，博得他人好感，让他们向你敞开心扉。

把心理学技巧运用到语言交流中，这并不是人人都会的，需要掌握一定的技巧才可以做到。本书把语言技巧运用作为基础，从实用而又具体的心理学角度出发，把说话过程涉及的重要因素如观察、倾听、言辞等，以及说话过程中要面临的多个场面如职场、求人办事、销售、交际、婚恋等结合起来，多层次多方面地培养我们说话过程中的心理学意识，深入浅出，全面而又准确地教我们在说话过程中如何运用心理学，可谓是一本完备的语言技巧指南。

本书没有过于深奥的学术理论，没有华而不实的噱头，有的只是说话过程中的具体的心理技巧的应用与实际可行的操作方法。相信本书一定能增加你说话的智慧，从而成为一个社交达人。

目 录

第3章 ● ● ●

言辞准则　条理清晰，委婉动听

第4章 ● ● ●

赞美效应　溢美言辞，让人如沐春风

第5章 ● ● ●

困境心理反应　临危不乱，机智化解

第6章 ● ● ●

职场说话心理策略　笑傲职场，用"心"说话

第7章 ● ● ●

销售说话心理策略　客户的心思我来猜，不再对我说"不"

第11章 ● ● ●
婚恋说话心理策略　蜜语拴住人心，让爱变得简单

第1章　察言观色
把握对方的心理信息

相声大师马三立曾在《人情话》相声中说："未语先观来意，开言要顺人心。"就是说讲话要懂得鉴貌辨色，这样才能走进对方的心里，让交流更加顺利。

◆ 了解他人的语言心理

语言并不仅仅是一个说话交流的过程，它还能反映一个人的内心活动、想法与喜好。即便把谈话的内容装扮得完美无瑕，但我们谈话时的动作，说话的语气、语调等诸多方面都能把内心的一些信息反映出来。

说话方式、说话内容能反映的心理活动很多，同时它也能清晰地映射出一个人的性格特征。喜欢在言谈当中引经据典的人内心非常推崇权威；在谈话当中过分使用恭敬语言的人，怀有很强的警戒心；经常使用"我妈妈说"的人在思想上还比较幼稚；在谈话中突然有意识地使用粗暴言辞的人，他此时很希望在彼此之间占有主动及占优势的地位；即使和交情非常深厚的人交谈依然非常客气、礼貌的人，很可能在心理上存在巨大的自卑感；无缘无故就会很小声说话的人，其个性方面有柔弱的一面或者是对于所言事物缺乏信心；谈话内容过于偏重自己，对于自己的家庭、事业等方面滔滔不绝的人，往往以自我为中心，有很严重的自我意识倾向；在谈话时故意把一个话题拉得很长且说个没完的人，是害怕别人提出反对意见；说话声音非常大的人，性格比较任性；喜欢打探别人消息，并且对于某些传闻非常感兴趣的人，内心则多为孤独无聊，缺少真正的朋友；喜欢谴责上司或老板的过错，指责他们无能的人，通常在心中有强烈的出人头地的愿望。

听话要快，答话要慢。希腊有句谚语："人有两只耳朵，一个嘴巴，是要叫人多听而少说。"这是在总结了言谈当中的语言心理后得出的处世良言。

说话是一门艺术，更是一门学问，只有掌握了语言的规律和人的心理之后才能真正成为言谈中的智者和掌控者。

由此可见，言谈能从不同程度反映一个人的内心变化，也能把个人的喜好与秉性等信息折射出来。如果我们能做到从他人的角度出发认真听他所言，准确迅速地知他所想，进而来指导与规避自己的言行的话，那样就能够准确地把握语言的尺度，把话说得完美，说到别人心坎里，能真正打动并俘获人心。

无论你是一个语言高手，还是一个对语言存在着某种心理障碍的人，或者是一个本来存在语言心理障碍而想成为会说话的人，都请从这一刻起开始通过交谈来迅速捕捉他人身上的信息及心理信息，进而了解他人，影响他人，去发现、接受、改变，并运用它，让自己成为真正意义上的语言领导者。从心理学的角度出发去发掘语言的魅力和力量，它会为你美好和灿烂的明天助力，你会发现原来自己也能成为一个了解他人的语言高手。

◆ 多一点观察，你就能改变世界

每个人都有自己的思维方式和说话习惯，时间久了，就会掺杂不少可能导致不佳结果的说话方式和内容，形成很难改变的语言惰性。很多时候，我们就生活在已经习惯了的模式里，既不关心自己应当做出哪些改变，更别谈关注他人有什么改变，他人有着怎样的心理需求。这犯了语言沟通交流的大忌。语言是一个双向交流的过程，如果只是自己一味地说，而忽略他人的心理感受，那和一个复读机没什么区别，也不可能达到良好的沟通效果，更别想给人带来愉快的听觉感受。

> 多点观察是现代人沟通和社交的基本技能，懂得察言观色的人，通常情商都很高，能够正确合理地应对他人的反应。

而如若我们对他人的说话环境多一点观察，多站在他人的角度看看，多了解一些对方的心理状态与情绪问题，那我们就会换一种方式与他对话，那也就会带来一个让自己惊喜的新的说话效果。

一个周末，许多青年男女伫立在街头。他们有不少人是等待与情侣相会的，有两个擦鞋童，正高声叫喊着以招徕顾客。其中一个说：

4

"请坐，我为您擦擦皮鞋吧，又光又亮。"另一个却说："约会前，请先擦一下皮鞋吧！"结果，前一个擦鞋童摊前的顾客寥寥无几，而后一个擦鞋童的喊声却收到了意想不到的效果，一个个青年男女都纷纷让他擦鞋。

"月上柳梢头，人约黄昏后"，在这样一个充满温情的美妙时刻，谁都愿意以干净亮丽、大方得体的形象出现在自己心爱的人面前。

第一个擦鞋童说话尽管礼貌、热情，并且还附带着质量上的保证，但这与此刻青年男女们的心理差距甚远。在这样一个美妙温情的黄昏时刻，没有谁会花工夫破费钱财去"买"什么"又光又亮"，仅仅是"为擦鞋而擦鞋"没有什么特殊的意义，显然很没有必要。

但第二个擦鞋童的话就大不一样了，这位聪明的擦鞋童，传送着"为约会而擦鞋"的温情爱意，他所说的与男女青年们此刻的心理非常吻合。一句"约会前，请先擦一下皮鞋吧！"可谓是真正说到了青年男女的心坎上。

一句"为约会而擦鞋"一下子抓住了顾客的心，从而大获成功。可见，多点观察，才能得到准确的无形信息，也才能找到最恰当的说话切入点。

有一家皮革材料公司，专为皮革制造厂家提供皮革材料。一次，一位客户登门，几句寒暄之后，公司负责人发现这位客户实力雄厚，需求量很大，但在交谈中又发现这位客户比较自负、性急。于是皮革材料公司通过客户观看样品的机会，适当而得体地夸奖他的经验与眼力，在最后的价格谈判中，先开出每米20元，但接着又加了一句："您是行家，我们开的价是生意的常规，有虚头骗不了您。最后的定价您说了算，我们绝无二话。"果然，客户在这种信任的赞誉声中，痛痛快快定了每米15元的价格（公司的进价是每米12元）。

在观察的过程中，我们在探寻他人的心理信息时，切不可鲁莽冒进，而应遵循一定的原则。在知识广博、经验丰富的对手面前，千万不能自作聪明、虚张声势，否则会造成对方心理上的反感，同时也会让对方产生不可信赖的感觉。尤其不能不懂装懂、显露浅薄，否则，就可能弄巧成拙。

而在有刚愎自用、好大喜功心理的对手面前，不宜过多解释，可以采用激将之法。采用激将法在很大程度上能激发对方的虚荣心理，从而达到自己想要取得的说话效果。而对于沉默寡言、疑神疑鬼的对手，则应当先谨慎地摸清对方的虚实。这类对手多有保守心理，缺乏安全感。如果不顾一切地一味套近乎，则越殷勤，越妥协，往往越会引起更多的疑问和戒备。这时在面对对方坚守自己内心的情境中，不妨想方设法启发对方讲话，逐步摸清虚实，对症下药。态度也不妨强硬一点，用自己的自信来感染、同化对方，打消疑虑。

那家皮革材料公司的负责人能很快就谈成生意，关键就在于他准确地把握住了对方的性格及心理，使用了正确的说话方法。

◆ 透过他的眼睛看穿他的心

眼睛是心灵的窗口，这句话不无道理。一个人的情绪状态、阅历，都能从眼睛中看出来。可以说，眼睛传递的信息最丰富、最复杂，也最微妙。善于捕捉他人有效信息的人，能透过对方的眼神窥见他的内心，哪怕他是口是心非，只要我们透过眼睛看透了他的心，就能掌握言语交谈的度，同时把积极有效的信息传递给对方，即把话说到他的心坎里。

因此，我们在与对方交谈的过程当中，要想真正看穿他人内心而说对话说准话，就应当时刻注意对方眼睛里流露出来的信息。因为眼睛所流露出来的信息很多时候都是来自多方面的，是很细微的表现，这也就需我们要从多方面，细致入微地去洞察来自对方眼睛的信息，探寻对方的心理活动。

很多人在怀疑对方说谎时，会说"看着我的眼睛"。若对方没说假话，就会迎着挑衅者的目光看过去，反之就会目光躲闪，或干脆眼观别处，不予回答。

当一个人对另一个人表示拒绝时，就会用一种不情愿，反感甚至愤怒或轻蔑的眼神看过去；而当一个人对另一个人产生了好感，没有用语言表达出来的时候，多会用一种欣赏、高兴等感情交织在一起的眼光不住地打量对方，眼神里带光。

其实，不只是眼神能表达丰富的含义，眼睛的其他动作也意蕴无穷。因此，通过观察一个人丰富的眼睛语言是了解这个人心理动向的捷径。而要想把握对方眼神所表达的深层含义，把话说得完美，让人爱听，就需要我们仔细观察对方的眼睛。

1.我们要注意对方眼睛视线的方向

日常生活当中，不相识的人，为避免尴尬，彼此视线偶尔相交的时候，便会立刻移开。这是基于长时间的直视会让人觉得隐私被侵犯或被看穿内心的缘故。所以，通过讲话时眼睛是否看着对方，可以判断出一个人是否对对方感兴趣或有好感。

相识的人在谈话时，如果对方完全不看你，便可视为他对你不感兴趣或无亲近感，那我们就需要转移话题另辟蹊径了。如果对方凝视你而不移开视线的话，那么便是他很有可能现在情绪很激动，或者有什么事情难以排遣，想要诉说什么心事，那我们就需要认真听听他要说些什么，并鼓励他把心中所想讲出来。

斜视对方表示拒绝、藐视。如果在谈话时对方流露出这种眼神，这时我们千万不能不闻不问，或装作不知道，否则就会变得很别扭。这时可以这样表示："不要一直沉默着，把想说的话都说出来吧！"

如果对方仍然没有反应，那么表明他拒绝了你的诚意，你就要适可而止了。

同时，如果你在说话时对方的眼睛却看别处，就表示他对谈话不关心或在考虑别的事情，那这时可以适当进行提示听听对方怎样回答。比如，当你很诚恳地对女友说话时，她却注视着别的地方，一副心不在焉的样子，这并不表示她对你没信心或另有所爱，而可能是她有什么不开心的事情想对你说，这时你应该用试探的口气问她："有什么麻烦吗？能告诉我吗？我们可以共同解决。"

2.我们要仔细观察眼球的移动

曾经有人专门进行了一次心理学实验来研究这个问题，结果发现：当被问及"你一生中遇到的最痛苦的事情是什么？"及"你一生中遇到的最开心的事情是什么？"这两个问题时，人们回想痛苦的事情时，眼球会在眼眶中向左移动；而回想开心的事情时，眼球就会向右移动。这似乎有些不可思议，但是如果仔细观察的话，现实生活中确实存在这种规律。

尤其是在我们和别人交谈时，一定要注意到这一点。我们应当通过观察对方眼球的转动方向，了解对方此刻的真实感受，这样才能适时地把握对方的情绪，有效改变或者继续话题。同时，当收到来自对方眼球转动方向传达的不积极乐观的信息时，就应当想办法让对方的眼球向右转，同时有意识地改变对方的心情。只有做到这些，才会带来对方内心的认同与愉悦，才会让他人乐于与我们交谈。

眼睛可以表现人们的喜怒哀乐，一个人无论他心里在想什么，他的眼睛都可能会出卖他。特别是瞬间的难以察觉的眼神，更会把人们内心的秘密忠实地揭露出来。这就要求我们在开口说话之前及言语交谈的过程当中，善于捕捉他人眼睛的信息。同时还要善于透过他的眼睛看穿他的内心，并要根据自己对对方的心理捕捉和情绪状态及时调整说话策略，把话说到他人心坎里，让他人觉得舒心又愉悦。

◆ 千万别拿他人不足不当回事

想要成为一个言语高手，就要深谙他人心理，看对人，说对话。察言观色，不仅要注意他人说话时的表情与动作，还应注意他人的身体特征，尽量避免对他人身体特征的敏感区域进行评论。

短处，人人都有，没有人愿意让别人攻击自己的短处，有的可能自己心里也很清楚，可是由别人嘴里说出来就让人不舒服。若不分青红皂白，一味说对方的短处，非但不能达到打动他人的目的，相反很容易引发唇枪舌剑，引起他人心理上的反感与愤怒，想要成为言语高手那更是想都不用想。千万不要只图一时嘴快而毁了言语"大计"。

"当着矬子不说矮话"，便是遵循他人身体特征原则说话的一个具体体现。它告诫人们在交谈中要顾及他人自尊，不说伤害他人自尊的话。人生在世，各有所长，各有所短。若以己之长，较人之短，则会目中无人；若以己之短，较人之长，则会失去自信。

　　春秋时期，齐国宰相晏子个子不高，有一次到楚国去出访。楚国的国君故意要以晏子的矮来戏弄一番，于是吩咐只开大门旁的小门。晏子一看，便知楚王的用意，于是对门卫说道："我代表齐国出访，通常都是到大国从大门进，到狗国从狗洞进，只是没想到堂堂楚国竟然也会用狗国的礼仪来迎接我，看来我是来错了。"楚国国君本想戏弄晏子，却反过来被晏子好一顿羞辱。

　　我们常常说"矮男如何不丈夫"，其实个子矮并不是多大缺陷，更不代表一无是处，如果紧紧抓住一个人客观条件造成的一点儿短处当小辫子，那么人人都会被抓个头仰体翻。如果我们老是把眼光盯在别人的弱点上，总是将别人的弱点当成攻击的对象，那么只会有两种结局：一是没有人再会愿意和你交谈，让你成为语言的"矮子"。所有人都会躲着你，避开你，直到剩下自己孤家寡人一个。二是引起他人的反感与愤怒，引发他人对你进行"大规模的围攻"，揭露你的短处。最后势必造成互相揭短、互相嘲笑的局面，进而发展到互相仇视。

> 千万别把他人的不足不当回事，更不要将他人的不足总放在嘴边，即使非说不可，也要变通一下再说，这是打动他人、俘获人心的技巧。

凡有短处的人都怕人提及短处，这就要求我们在日常交谈中，尽可能地避免提及对方的短处。而真正能做到避免提及别人的短处，就需要我们有一双察言观色的"火眼金睛"，真正从对方的心理角度出发。

如果对方也有渴望改变自己短处的心理，我们可以善意地为对方出谋划策，使他的短处变为长处，或者使他不为自己的短处而自卑，这样同样会得到别人的认可，而且还会因此得到别人的信任乃至感激。

会说话的让人笑，不会说话的使人跳，这就是语言的变通所能达到的截然不同的效果，也是洞悉并深谙他人心理的不同反应与表现。

◆ 分清楚场合，才能达到我们所渴望的效果

心理学原理：在不同场合中，人们对他人的话语有不同的感受、理解，并表现出不同的心理承受能力。因此，我们在开口说话之前及在交谈过程中，一定要分清场合，只有分清场合才能达到我们所渴望的效果，否则势必会适得其反。

比如，在小场合和大场合，家庭场合与公众场合，人们对于批评性说法的承受能力有明显的差异。人都有自尊，爱面子，通常在大场合或者公众场合中使用指责性的说法最易引起人们反感。正因为受特定人际关系和场合心理的制约，有些话只能在某些特定场合里说，换

一个场合就不行。

　　因此，在言语交谈中，说什么，怎么说，一定要顾及场合，才有利于沟通，也才能达到我们想要的良好的说话效果，不顾及场合的心直口快是万万要不得的。想要达到理想的表达效果，俘获人心，应当

坚持以下几个原则。

1. 要在思想上强化场合意识

有些人在交际中对人说话直来直去，惹人生气，把事情办砸，完全是主观上缺乏场合意识的结果。他们对人很诚实，遇事时往往只从个人主观感觉出发，以为只要有话就应该说，心里有什么嘴上就说什么，不管什么场合什么环境，也不顾及他人的心理感受就往外捅，结果有意无意地冒犯了人，自己还莫名其妙，不知道毛病出在哪里。

有两个老工人平时爱开玩笑，几天没有见，一见面就说："你还没有'死'呀？"对方也不计较，回一句："我等着给你送花圈呢！"两个人哈哈一笑了事。后来甲因重病住进了医院，乙去医院看望，一见面想逗逗他，又说："你还没有死呀？"这一次，甲的脸一下子拉长了，生气地说："滚，你滚！"把乙赶了出去。

别人正在病中，心理压力很大。他在病房里对着忧心忡忡的病人说"死"，显然是没考虑场合，病人怎能不反感、恼火？其实，这位老工人说这话也是好意，想让对方开开心，只可惜他缺乏场合意识，开玩笑弄错了地方，才闹出了不愉快。

其实很多时候，有些人说话之所以惹恼人，并不是不会说话，而是场合观念淡薄，头脑中缺乏这根弦，没有考虑到对方此刻的心理感受，才会带来一系列不必要的麻烦。因此，应当增强场合意识，从他人的心理感受出发，懂得不同场合对说话内容和方式的特定限制和要求，时时不忘看场合说话。

2.自觉摆脱谈吐上的惯性

很多时候有些不当的话语并不是主观上想这样说，而是受习惯的支配一不留神顺嘴溜出来，造成与场合及对方心理接受能力的不协调，事后也常常感到后悔。因此，一定要改掉这个口无遮拦、不思考不顾及情境与对方心理的毛病。

小李高高兴兴陪妻子上街买东西。在熙熙攘攘的商场里，妻子兴致很高，从这个柜台转到那个柜台，买了这件又看那件，快到中午了仍没有打道回府的意思，小李有些不耐烦了。当妻子提出再买一件高档羊毛衫的时候，他忍不住了，生硬地说："你还有完没完，见什么买什么，你挣多少钱哪？"这句话刚出口，顾客们都朝他们这边看，妻子本来微笑的脸顿时变了样，生气地反驳道："怎么，我还没有花够钱呢，你急什么？我就要买，怎么着！"直把小李顶得说不出话来，难堪极了。接着发怒的妻子也不买了，噔噔噔地自己走出商店。使小李不解的是，妻子的性格本来很温顺，在家里从来不大声说话，更不要说发火了，可今天她火气竟然这么大。

很显然，是小李忽略了场合因素，把在家庭中惯用的说话方式拿到公众场合来，用生硬的口吻指责妻子，刺伤了妻子的自尊心，才引发妻子为维护自己的面子表现出强硬的态度。

必须有意识地摆脱自己口语表达上的惯性，养成顾及场合、随境而言的良好表达习惯。在言语交谈中，要把交际对象、交际场合、交际时间等多种相关因素都考虑进去，想一想如何张口，选择最恰当的方式说话，以使自己的谈吐既符合场合要求，又符合交谈对象的接受心理，最大限度地实现与交际对象的沟通。

第2章 用心倾听
在心灵间架起沟通的桥梁

能说会道的人受人欢迎,善于倾听的人才真正深得人心。只要用心去倾听,在心灵上架起一座沟通的桥梁,对方一定会喜欢你,信任你。

◆ 学会倾听，既愉悦别人，也悦纳自己

在这个世界上，人与人之间的主要交流方式是谈话。但是在同事之间、朋友之间、客户之间的交谈中，人们往往忽略了倾听的作用。君不见，在人的五官中，长了两只耳朵，却只有一张嘴，这说明倾听要比说话更重要。

每个人作为一个独立的个体存在，渴望被尊重，也渴望个人价值得到认同。因此，在言语交谈中，人们都喜欢自己说，而不喜欢一味听别人说话，相对于听别人说话，人们更喜欢谈论自己的事情。

这源于一种心理状态：一个人作为一个独立的主体，做事常常喜欢从自我的角度出发，其实他最喜欢的是他自己而非别人，最爱谈论的也是自己，比起谈话时听别人说话，更喜欢口若悬河地向别人讲自己的事。

希腊哲学家苏格拉底说："上天赋予了我们一个舌头，却给予了我们一对耳朵，所以我们听到的话比我们说的话多两倍。"学会倾听，是一种礼貌，更是一种智慧，通过倾听，可以让人与人之间建立更牢固的关系。

其实还有另外一种人，不是很健谈，心理活动比较复杂，情绪变化较大。由于沉默寡言，不开心的事情不愿讲出来，许多烦恼的情绪

18

都被理智积压在心中。有了什么高兴的事情，也不喜形于色，不愿与人分享，也埋藏在心中，表面上看起来不动声色，坚强沉着，内心活动却很激烈。

一旦遇到一次宣泄的机会，就会滔滔不绝，渴望自己内心的声音能真正得到对方的倾听。而我们作为对方的谈话对象，这时千万不能打断他，我们所需要做的事就仅是静静地听。同时言语交谈中，只有在尊重对方的基础上，认真地聆听他人所说，才能让对方那颗渴望诉说的心真正得到放松，也才能有效引发他人的话题，获得他人的信赖与好感。而如果只是自顾自地表达，很有可能造成交流的障碍，更有甚者会造成双方的冲突和矛盾。

卡耐基曾经到欧洲演讲，从欧洲回来之后的一天，卡耐基的朋友邀请他参加桥牌晚会。在这个晚会上，只有卡耐基和另外一位女士不会桥牌，他俩坐在一旁就闲聊上了。

这位女士知道卡耐基刚从欧洲回来，于是就对他说：“啊，卡耐基先生，你去欧洲演讲，一定到过许多有趣的地方，欧洲有很多风景优美的地方，你能讲讲吗？要知道，我小时候就一直梦想去欧洲旅行，可是到现在我都未能如愿。”

卡耐基一听这位女士是一位健谈的人，如果让一位健谈的人长久地听别人说话那就如同受罪，心中定是憋着一口气，要么会不时打断你的谈话，或者对你的话根本毫无兴趣。他明白这位女士想从自己的话中寻找一些契机好帮助她能够开始自己的谈话。

卡耐基刚进晚会时听朋友介绍过她，知道她刚从南美的阿根廷回来。阿根廷的大草原景色秀丽，到那个国家去旅游的人都要去看看，并且都有自己的一番感受。

于是他对那位女士说："是的，欧洲有趣的地方可多了，风景优美的地方更不用说了。但是我很喜欢打猎，欧洲打猎的地方就只有一些山，很危险的。就是没有大草原，要是能在大草原上边骑马打猎，边欣赏秀丽的景色，那多惬意呀……"

"大草原，"那位女士马上打断卡耐基的话，兴奋地叫道，"我刚从南美阿根廷的大草原旅游回来，那真是一个有趣的地方，太好玩了！"

"真的吗，你一定过得很愉快吧？能不能给我讲一讲大草原上的风景和动物呢？我一直梦想到大草原去的。"

"当然可以，阿根廷的大草原可……"那位女士看到有了一个倾听者，当然不会放过这个机会，滔滔不绝地讲起了她在大草原的旅行经历。然后在卡耐基的引导下，她又讲了布宜诺斯艾利斯的风光和她沿途旅行的国家的风光，到了最后，甚至变成了她对自己这一生去过的美好地方的追忆。

卡耐基在一旁耐心地听着，不时微笑着点点头鼓励她继续讲下去。那位女士讲了足足有一个多小时，然后晚会就结束了，她遗憾地对卡耐基说："卡耐基先生，下次见面我继续给你讲，还有很多很多呢！谢谢你让我度过了这样一个美好的夜晚。"

卡耐基在这一个多小时中只说了几句话，那位女士却向晚会的主人说："卡耐基真会讲话，他是一个很有意思的人，我很乐意和他交谈。"

卡耐基并没有说什么，只是用他认真聆听的耳朵就博取了那位女士的好感，他明白那位女士包括很多人并不想从别人那里听到些什么，很多时候人们所需要的仅仅是一双认真聆听的耳朵。也正是了解并基于这个心理情绪状态，卡耐基采取了用聆听的耳朵去换取对方好感的绝妙方法。也正是如此，卡耐基不费口舌就为自己赢得了旁人需要费力博取的好感。

有一句名言说得好："善言，能赢得听众；善听，才会赢得朋友。"在当今社会，我们不但要学会表达，还要学会倾听。须知，倾听是一面镜子，它能映照别人的情绪，却也能折射自己的真情。倾听能使我们理解和愉悦别人，也能悦纳自己。

◆ 听，就要听出弦外音

听，光听进去还不行，还必须学会听出来，听懂听明白对方所要表达的意思。也只有听出对方真正要表达的意思，才会让对方在心理上认同彼此有共同话题，也才会形成吸引力，引导对方继续把话说下去。

汉语的语言艺术博大精深，一层意思可以根据不同的情况有多种不同的说法，很多话不太好明说的时候通常以话中话、弦外音的方式表达出来，这就要求我们心领神会并迅速做出反应，让对方迅速接收到我们的信息，然后才能具体做出回应，使谈话或者彼此之间的计划得以顺利进行。

历史上的很多重大事件或者计划，特别是商谈合作时，动辄会全盘皆输，甚至会赔上身家性命。因此，这种在摸不清对方态度不了解对方真正想法的情况下，彼此之间就常常会以话中有话的方式来进行。而这时就需要具备了解对方心理的意识，并能准确领会透露对方内心真实想法的弦外之音。

当自己拿不准对方的态度而又无法轻易开口的时候，最好不要直言相求或者否定对方，可使用投石问路法，先摸情况，再决定下一步行动也不迟。而在探寻的过程当中，一定要仔细听对方的回答，并要认真品味对方的话语，以便能及时而又准确地接收对方话语间流露的信息。

东汉光武帝刘秀的姐姐刘黄刚刚失去丈夫，情绪低落，十分忧伤。刘秀担心姐姐忧虑伤身，有意在大臣间选一位如意郎君，为姐姐牵线搭桥。

刘秀的姐姐看中了一名叫宋弘的大臣。一天，刘秀接见宋弘。他弯着腰对宋弘说："俗话说：'富易交，贵易妻。'人富了要换一批新朋友；地位显赫了就另娶门第高贵或年轻美丽的妻子，这是人之常情嘛！"

宋弘正色道："我听说：'贫贱之交不可忘，糟糠之妻不下堂。'就是说贫贱时结交的朋友永远不能忘记，贫贱中共患难的妻子永远不能分离。"刘秀听后，称赞了宋弘一番，心中十分后悔，再也不想在他身上打主意了。

皇帝的姐姐相中了有家室的大臣，这自然令皇帝颇为难。如果直接询问，倘若对方予以拒绝，自己的面子也过不去。于是，刘秀采用了先引俗语试探，得悉了宋弘在婚姻问题上的看法，从中推知他肯定不会同意姐姐的要求，于是也就不再勉强了。

有些时候，当人与人之间的交谈在彼此之间的心理契合程度还没有达到一定的水平时，就需要双方都具有一定的说话技巧，善于听对方的弦外之音，才能在契合对方心理的基础上，更完美、更艺术地把各自的意思表达出来。

话中话、弦外音的说话艺术在我们平常的人际交往中也经常遇到，会说固然可喜，但更要会听，只有听准了对方的弦外之音，才能按话接话，才能不枉费他人的一番良苦用心，让谈话进行下去。同时，准确无误地听取他人的弦外之音，也会让他人建立对我们的认同感，觉得与我们有共同语言，拥有共同性，也为以后的交往埋下了伏笔，否则就真成了对牛弹琴了。

◆ 会听更要会"接"

善于辞令的人，一般都能够顺势接过别人的话题，并巧妙地借助别人的某一话题进行发挥，引出另一个听者未曾预料到的新思路，以表达自己要说的话。

要想把话说得漂亮，除了会听别人说话，善于分析，快速了解说话者的心意外，还要善于顺着对方的意思巧妙地接上话茬，将话说到对方的心坎里去。

他人在表达自己的意见时，如果听者十分热心地听，便会非常起劲而且更加投入。如果听者非但没耐心，还总是提出相反的意见，说话者的情绪便会受挫，并且丧失继续说下去的兴趣。

对方讲得正确，理应不持任何异议地赞成到底，使他心情愉快地讲完，"你的意见完全正确，合情合理，我如果站在你的立场上，想法也会和你完全一样的"。

如果听到他极端的或反道德的想法时，也不妨以"您说的不无道理"之类的话附和，先表示接受对方的意见。这样能让对方的心理在接受程度上得到一个缓冲，不至于过强过硬。绝对不要提出"您的想法错了"或"我还有另一个办法"等反对的意见或忠告，这样势必会挫伤对方的自尊心，也打消了对方继续讲下去的欲望。

反之，对对方的任何意见都表示一致、赞同，对方便会从心理上认定自己所说的全是对的，而一直心情愉快地敞开心胸说话，无意中必定会泄露出我们真正想听到的话。

注意倾听他人说话，不仅是对他人的尊重，还可以更好地注意到他人的言谈神色，判断出他人的心理活动，说话的时候就可以有的放矢，顺利地接过对方的话茬，使谈话轻松愉快地进行下去。正所谓知己知彼，百战不殆。

汉高祖刘邦消灭了项羽后，平定了天下，然后论功行赏。这个时候群臣彼此争功，吵了一年都无法确定。刘邦认为萧何功劳最大，就封萧何为侯，并且也给了他最多的封地。但是部分大臣心中不服，议论纷纷。在封赏勉强确定之后，众人对排位的高低先后顺序又起了争议，说："平阳侯曹参身受创伤七十余处，而且攻城略地，功劳最大，他应当排第一。"因此在排位上刘邦难以再坚持，但他还是很想将萧何排在首位。

这时候关内侯鄂君揣摩出刘邦的意图，他机灵地挺身而出，上前说道："群臣的评议都错了！曹参虽然有攻城略地的功劳，但这只是一时之功。皇上与楚霸王对抗五年，经常因为战败而丢掉部队领地，而萧何却源源不断地从关中派兵填补战线上的漏洞。楚、汉在荥阳对抗了几年，军中每每缺粮，都是靠萧何转运粮食补给。再说皇上有好几次退守到山东，都是靠萧何保全关中，才能接济皇上，这才是最大的功勋啊。如今即使少了一百个曹参，对汉朝又有什么影响呢？我们汉朝也不必靠他来保全啊！为什么你们认为一时之功高过万世之功呢？我主张萧何第一，曹参其次。"刘邦听了，满心欢喜，高兴地宣布说："好，萧何排在第一，可以佩剑入朝，上朝时也不必急行。"

关内侯鄂君善于揣摩汉高祖刘邦的心意，巧妙地接过话茬，说出了令皇上高兴的话。既遂了皇上的愿，又为自己的仕途添加了一个砝码。最后，关内侯鄂君也因此获得了更多的封地，被改封为安平侯。

要提高说话的水平，就要努力学会掌握快速了解听者心理的方法，并在了解的基础上巧妙地接过对方的话题，促进话题的不断递进，切入对方心理，才能得到自己想要的结果与答案。只有善于接话的人才能轻松地与人交谈，不会出现一方叽里呱啦地说个不停，另一方却不知该如何搭话的尴尬场面。也只有做到如此，才会让对方心里真正愉悦，喜欢和我们说话、听我们说话，真正地吸引对方。而运用这种技巧要根据具体场合，要善于敏锐准确地捕捉住眼前的事物进行发挥。

◆ 从他人角度说话也是一种聆听

对于一些事情，我们很难用简单的对与错来衡量。看问题的角度不一样，结果也就不一样。这运用到具体的说话过程当中，就要求我们充分考虑对方的心理情绪与感受，要了解对方处于怎样的心理状态当中。只有做到如此，才能把话真正说到对方心坎里。反之，毫无顾忌、口无遮拦地乱说一通，很有可能会招致对方的厌恶甚至痛恨。

说话过程中当一个人面对难题时，如果他能够从别人的角度来看待事情，照顾到对方的心理的话，原本疑惑不解的问题可能就会变得豁然开朗，他的说话方式也会自然地改变，那也就会有不一样的说话效果。

常常会有这样的事情发生：一些事即使他人真的错了，他们也不承认。在这种情况下，责备是没有用的，甚至会起相反的作用。而应该试着了解他人这么做的原因，从他人的心理角度分析一下原因，也许我们就会改变自己的想法，继而改变自己的说话方式，也就会产生不一样的结果。探寻出其中隐藏的原因，才能了解他的个性，这才是解答他的钥匙。

肯尼迪·古迪在《怎样让人们变成黄金》中说："停下来，用数秒的时间比较一下，你是如何关心自己的事情和关心他人的事情的，就会理解，别人也和你一样。而一旦你掌握了这个诀窍，你就会像罗斯福和林肯一样，拥有了做任何事的坚实基础。总之，和别人相处的关系怎样，完全取决于你在多大程度上替别人着想了。"

古拉得·力伊帕在《进入别人的内心世界》一书中也指出："把别人的感觉和观念与自己的感觉和观念置于相同的位置，并把它表现出来，这样谈话的气氛就

> 聆听是人类交流的重要环节，它不仅仅是一种传达信息的方式，更是建立人际关系的基础。

会融洽起来。当你在听别人谈话时，要根据对方心里的真正想法与意思来准备自己将要说的话，那样，由于你已理解和认同了他的观点，就会让彼此在心理层面上达到一致并可获得一定程度的认同，他也就会理解和认同你的观点。"

多年来，罗克常到离家不远的公园中散步和骑马，以此作为消遣。罗克非常喜欢树，所以每当看到公园里有一些树被烧掉时，他就十分痛心。这些火差不多都是在园中野炊的孩子们造成的。有时火势很大，必须叫来消防队才能扑灭。

公园的角落里有一块牌子，警告人们不要在公园玩火，违者罚款。但由于牌子在角落里，很少有人看见它。公园里有警察，负责骑马巡逻，但他对自己的工作不太认真，火灾仍然时常发生。

有一次，罗克又看到公园失火，就急忙跑去告诉警察快叫消防队，没想到他却说那不是他的事。罗克非常失望，于是以后他再到公园里散步的时候，就担负起了保护公园的义务。当他看见树下起火时就非常生气，急忙上前警告那些野炊的孩子们，用威严的口吻命令他们把火扑灭。如果他们不听，就会恐吓他们要把他们交给警察。就这样，罗克只是按照自己的想法去做，只是在发泄自己的情绪，全然没有考虑孩子们的感受。

结果呢，那些儿童怀着一种反感的情绪暂时遵从了。而转过身去的时候，他们又生起了火堆，并恨不得把整个公园烧尽。

随着时间的推移，罗克逐渐懂得了与人相处的道理，也懂得从别人的角度来看待问题。于是他不再发布命令和恐吓，而是说："孩子们，玩得高兴吗？你们在做什么晚餐？我小时候也很喜欢生火，直到现在我仍然很喜欢，但你们知道在公园里生火是很危险的吗？我知道你们几个会很小心，但别的孩子就不一样了。他们来了也会学着你们的样生火，回家的时候却又不把火扑灭，这样就会烧掉公园里的树木。如果我们再不谨慎的话，我们就不会再看到这里的树木了。因为在这里生火，还有可能被警察抓起来。我不干涉你们的行为，我很愿意看到你们开开心心的，但我想请你们在离开时，把火熄灭，然后用土埋起来，并把火堆旁边的干枯树叶拨开，好吗？你们下次来公园玩时，可不可以到山丘的那一边，就在那沙坑里生火，那样就不会有任何危险了。多谢了，孩子们，祝你们玩得快乐。"

这样的说法，产生的效果可好多了！孩子们听了之后都非常听话，而且很愿意接受和合作。

哈佛商学院特哈姆说："在与人谈话前，我情愿用两个小时的时间在他的办公室前的人行道上散步，而不愿在还没有清晰的想法，不知该如何说，并且不了解对方，没有充分准备答案的情况下，直接去他的办公室。"

如果能按照对方的观点去想，从他人的立场看事，从他人的心理角度说话，他人就会乐于接受，并会喜爱你的说话方式与语言，或许这会成为自己一生中一个新的里程碑。从他人的角度出发，站在别人的立场来说话，其实也是一种对他人真诚倾听的方式，让他人在我们这里获得被尊重与认同感。

认识别人，被别人认识，认识自己，用一颗真诚的心可以将三者统一。把自己放在他人的立场上，认识他人，按照这个思路或者方式去说话，也许不需要华丽的语言，你的话语也会充满力量。

◆ 让攻其不备的问话做有效倾听的催化剂

与人交谈，我们不仅是一个说话者，还应当是一个倾听者。只有认真而又有效地去倾听，才能对对方的信息进行筛选，分辨出真伪，探寻到对方内心的真实想法，也才能为我们组织下面的话题或者语言准备契机。

而在这个有效倾听的过程中，有时候对方会在心理上刻意或者无意给我们造成错误的视听感受，这就需要我们学会识别，不是一味接收，应当学会用恰如其分、攻其不备的问话来探寻出对方内心的真实信息。

听对方说话可以了解听者的心理与情绪状态，但是，要想对方说的话是你想探听的，还需运用技巧，诱导对方说出你想听的话来。但要想通过提问获取对方内心最真实的有效信息，达到快速了解听者的目的，也需要一定的方法，我们不妨从以下两个方面入手：

一方面，根据自己的目的，巧妙地设问，一环扣一环，使对方对提问一个个进行回答，从而根据答语来了解对方。我们不妨运用多重设问的方式，因为该方式可以让对方快速说出我们想听的话，从而快速了解听者。

　　另一方面，就是顺着说话者的思路，抓住他的话题，巧妙地反问，让对方将事情讲得深入从而达到了解听者心理的目的。

　　近年来"谈心"一类的电台或电视节目非常受欢迎。有一位心理学家应邀在这类节目中担任心理指导师，这是件吃力不讨好的工作，这位专家必须在有限的时间内，根据对方的言论给予适当的劝告或指点迷津，但如果言之有失，就会被对方斥责，甚至辱骂。

　　这位专家却在听众和观众中颇有口碑，赢得了许多听众和观众的好感，许多人都希望与他坦诚地交谈。而他成功的秘密就是能够迅速地从对方的话语中捕捉到其内心一些真实的想法。他说："在交谈中，当对方说出似乎有些异常的话时，要马上用这些异常的话来反问对方，使对方对自己的想法进行深入的介绍，这样就可以探出对方的真意了。"

　　有一次，一位妇女来参加这个节目，他们谈的主要话题是这个妇女的丈夫经常夜不归宿的问题。一开始，这位妇女举出很多她认为丈夫夜不归宿是因为有外遇的理由，随后，她突然冒出一句："为什么只有男人可以这么做，却不准我们女人这样做……"这位心理专家马上反问道："'只有男人'这话是什么意思？"这位妇女当即歇斯底里地说："不，说这种男人对爱情不专是男人有魅力的表现，是陈旧的观点，我也很想这么做，也想背叛他……"专家又反问道："虽说是陈旧的观点，那你认为现代女性应当水性杨花吗？"她思忖了一阵，答道："不是的！不是这样的！不是爱情不专这件事好或不好，而是我讨厌他老跟我撒谎……"心理专家又问："那么不撒谎，坦白对你说出来就可以原谅吗？你觉得这种爱情不专的做法好吗？总之，你可不能因为丈夫这样做，自己也想去试试对爱情不专的行为……"听完专家的这番话，这位妇女羞涩地承认了自己想法的荒唐。

这位心理专家敏捷地抓住了"只有男人……"这句话，引发对方道出自己内心深处的欲望——想去试试爱情不专的念头。上述的这种反问技巧，在与初次见面的人交谈时也是相当有效的。

不管是从自己的目的出发设计问题来反问对方，还是从对方的话语中发现问题来反问对方，两种方法都是深入了解对方心理的方法，也是在具体的倾听过程中获取对方心理准确信息的有效方法。通过有针对性的一问一答，问题很快就暴露出来，借此可以深入透彻地了解对方心理。在此基础上"量体裁衣"，对不同的人说不同的话，才能达到高水平说话的效果。

第3章 言辞准则
条理清晰，委婉动听

在日常交流中，我们经常需要表达自己的想法和观点，那么，把握一定的言辞准则很重要。除了条理清晰、委婉动听外，还要懂得在一定的情况下，用幽默与热情去感染人。

◆ 简洁的语言最具吸引力

人的内心神经极为敏感，易于接受那些简单而又有力的东西。综观人与人之间的谈话过程，真正能吸引、打动人的常常是那些简洁有力的真话、实话、心里话；也只有这些话语才能真正说到人的心坎里。而那些大话、套话、假话则是人们听够了、听厌了的，也是心里常常反感甚至厌恶的。因此，基于人们的听觉心理，提高语言表达能力，学会简洁是必过的一关。

语言简洁是最经济的语言手段，能输出最大的信息量。在言语交谈中，简洁的语言常常比繁杂冗长的语言更吸引人更打动人。它体现出说话人分析问题的快捷和深刻，是其认识能力和思维能力高超的表现；它能使听者在较短的时间内获得较多的有用信息，有助于博得对方的好感；它也是说话人果敢、有决断的性格表现。

同时，简洁有力的语言风格也是时代风貌的反映，现代社会节奏快、时间观念强，说话简洁的人会在他人内心产生一种生气勃勃的现代人的感觉，尤其为人推崇。因此努力培养自己的简洁精练的语言风格就显得尤为重要。

"言不在多，达意则灵。"无论在什么场合，讲话要语不厌精，字字珠玑，简练有力，使人不减兴味。冗词赘语，唠唠叨叨，不得要领，必令人生厌。

同时，语言还要力求通俗、易懂，如果不顾听者的内心接受喜好与能力，用文绉绉、艰涩难懂的语言，往往既不亲切，又使对方难以接受，结果事与愿违。

不少演讲大师惜语如金，言简意赅，留下珍贵的篇章，成为"善辩者寡言"的典型。

最短的总统就职演说，首推 1793 年华盛顿的演说，仅 135 个字。

林肯著名的葛底斯堡演说只有十个句子，他的演讲重点突出，一气呵成。

1984 年 7 月 17 日，37 岁的法国新总理洛朗·法比尤斯发表的演说，更是短得出奇，演讲词只有两句："新政府的任务是国家现代化，团结法国人民。为此要求大家保持平静和表现出决心，谢谢大家。"

这些演讲大师驾驭语言的功力都是非凡的，他们的措辞委婉，内容非常精辟。林肯的演讲词仅 600 字，从上台到下台还不到 3 分钟，却赢得了 15000 名听众经久不息的掌声，并轰动了全美国。当时报纸评论说：这次短小精悍的演说是无价之宝，感情深厚，思想集中，措辞精练，字字句句都很朴实、优雅，行文完美无瑕，完全出乎人们的意料。

◆ 幽默，言论的调料

思路清晰、反应敏捷、妙语惊人是具有幽默感的人的共同特征，他们总是可以从容地面对各种纷繁的场合。也正是这种敏捷与清晰才真正激荡了他人心理，带给人意想不到的吸引力，因此总是散发着睿智的光芒。

美国著名幽默作家詹姆斯·瑟伯曾这样说："一个国家最古老、最宝贵的财富就是幽默。"可以说，幽默是一种智慧的心理语言，是一种活跃气氛的兴奋剂，它可以轻松化解许多人际交往中的冲突或者尴尬；也能够从内心很快拉近谈话双方的关系，继而轻松地为自己创造机会。也正是这诸多优势，才铸就了幽默口才的非凡魅力。

幽默的语言因为其风趣、轻松的特点，总能给人内心留下深刻印象。在美国，70%的人都认同幽默感有助于个人事业的成功。运用幽默，可以将不好表达的话题，或者一些严肃的话题变得轻松，让对方心理上更容易接受。同时，幽默的语言既能使谈话气氛和谐融洽，还可以救人于危难之中或者化干戈为玉帛，从而为自己创造机遇。

作家冯骥才访问美国时，一位华人朋友携全家来到他的住所拜访，双方相谈甚欢。突然，冯骥才发现客人的孩子穿着鞋子，跳到了他洁白的床单上玩耍。这是一件令人很不舒服的事，但孩子的父母并没有意识到这一点。这个时候，冯骥才对孩子说："小朋友，请回到地球上来吧。"于是，华人夫妇发现了孩子的失礼行为，双方会心一笑，问题得以圆满解决。

试想，如果冯骥才直接说："孩子，请快点脱掉鞋子吧。"或者说："小朋友，你怎么能穿着鞋爬到床上去呢？"那么，孩子的父母就会为冒犯主人而感到不安，给对方心理造成不舒适感。同时也会由于冯骥才对自己孩子不留余地的批评觉得受到了指责，从而影响彼此之间和谐的谈话氛围，造成交流不愉快。而将一些特定场合下的情节或者语言，移用到另一种不同的场合中，则会达到幽默的效果。

有时我们确实需要以有趣并有效的方式来表达人情味，给人们提供某种关怀、情感和温暖。

据说有位大法官，他寓所隔壁有个音乐迷，常常把电唱机的音量放大到使人难以忍受的程度。这位法官无法休息，便拿着一把斧子，来到邻居家门口。他说："我来修修你的电唱机。"音乐迷吓了一跳，急忙表示抱歉。法官说："该抱歉的是我，你可别到法庭去告我，瞧，我把凶器都带来了。"说完两人像朋友一样一笑释怀。

这位法官并不是想把邻居的电唱机砸坏。他恰当地表达了对邻居的不满，而且表达的主题是对音响而不是对人。任何人都不希望自己被指责，尤其是愤怒地指责，会很自然地产生不良情绪。这种情绪状态下，不但达不到我们所期望的效果，反而会把对方激怒。而这位法官就深谙他人的这种心理，掌握了常人会有的心理特性，他没有深深责备而是用了极其幽默的语言含蓄地表达出自己的意思。

当然，照顾到了对方的心理感受，也会取得对方心理上的认可，也就能简单达到自己想要达到的目的。他那幽默的话语似乎是对音乐迷说："我们是朋友，我希望和你好好相处，至于唱机是唱机，可以修理一下。"当然，所谓"修理"只是把唱机的声音开小些罢了。同时，照顾对方心理采用幽默的说话方式时，要想取得理想的效果，还要特别注意以下两点：

1.幽默必须真实而自然

我们经常听到和看到一些政治家们的幽默言行，他们大多把幽默的力量运用得十分自如，真实而自然。没有耸人听闻，也不哗众取宠，更不是做戏。这是因为，他们都知道太执着于说妙语和笑话，对个人的形象并无帮助，甚至会让自己的形象大打折扣，让他人心生反感。

而若要附庸风雅，企图以成串的笑料和廉价的笑来博取听众的欢心，硬要把自己塞进别人的肚子里，不顾别人是不是有这个胃口，只能引起他人的鄙视与反感。结果也许是真的引起了笑，但很可能是笑他形象的滑稽和为人的浅薄。

芝加哥有个人，一心想得到某俱乐部主席的位置。他在一次对俱乐部成员不到两小时的演说过程中，至少说了 50 则笑话，并配以丰富的表情和确实能引人发笑的手势，听众们被逗得哈哈大笑。末了，在他讲完最后一则笑话时，有人大叫"再来一个"。

这位老兄也真的再来了一个，再次把人逗得哈哈大笑。但是他没有当上俱乐部主席，他的票数是候选人中的倒数第二。

当他闷闷不乐地走出俱乐部时，他问那位喊"再来一个"的听众："你说我比他们差吗？"

"不，一点也不差，"那人说，"你比他们有趣多了，你可以去当喜剧演员。"

2. 敢笑自己的人才有权利开别人的玩笑

海利·福斯第说："笑的金科玉律是，不论你想笑别人怎样，先笑你自己。"笑自己的观念、遭遇、缺点乃至失误；有时候还要笑笑自己的狼狈处境。许多著名人物，特别是演员，都以取笑自己来达到跟对方完美地沟通的目的。敢于在他人面前嘲笑自己是放低姿态、把他人当自己人的表示；会消除彼此之间的生疏与距离感，让人倍感亲切。

许多深谙说话心理学、善于运用幽默的说话高手，他们利用一般人认为并不好看的外貌特征来开自己的玩笑，如玛莎蕃伊的"大嘴巴"。还有一位发胖的女演员，拿自己的体态开玩笑说："我不敢穿上白色泳衣去海边游泳。我一去，飞过上空的美国空军一定会大为紧张，以为他们发现了古巴。"人们没有理由不喜欢这样的人。如果今后他们拿我们开玩笑时，我们也只会同他们一起哈哈大笑，而没有半点怨言。

笑自己的长相，或笑自己做得不太漂亮的事情，会使我们变得更有人性。如果碰巧长得英俊或美丽，要感谢祖先的赏赐。同时也不妨让人轻松一下，试着找找自己的缺点。如果真的没有什么有趣味的缺点，就去虚构一个。

要想练就征服人心的好口才，那就要努力培养自己说话时对对方心理的重视意识，注意培养幽默细胞、增强幽默感。

可以多看看笑话书、多找一些生动的生活化的笑料，作为一种平时的幽默素材积累，这样越是那些严肃紧张的场合，越可以缓解当时众人紧张严肃的心理状态，用一句恰当的幽默话语让气氛变得轻松，让幽默这味调料给我们的语言增味添香。

◆ 温婉的谈吐最能愉悦他人的心理

古往今来，和气待人、和颜悦色都被视为一种美的体现。同时，温婉的谈吐会给他人心理带来愉悦的感受，更容易让他人亲近你。因此，与他人进行交谈时，温婉的谈吐最能愉悦他人的心理，也是十分值得提倡的一种方式。

照顾到他人听觉心理的温婉谈吐主要表现为语气亲切、语调柔和、语言含蓄、措辞委婉、说理自然。这样的谈吐不仅会让他人感到亲切和愉悦，而且所谈之言也易于入耳生效，往往具有以柔克刚的效果。那些善于言谈的交际明星往往都拥有温婉动人的谈吐，可见谈吐在我们的言语交谈中对影响他人心理有着不可估量的作用。

一句话能把人说笑，也能把人说跳。通常情况下，能把人说笑的语言是柔和的、温婉的、甜美的、打动人心的。既然一句话能把人给说笑，那又何必把人说跳去自讨苦吃呢，只要我们用心下点功夫，就能让自己的谈吐温婉如水。见过罗斯福的人，都知道他见闻广博，无不对他佩服。可以说无论来访者是什么人，牛仔、勇敢的骑兵、政治家或者外交官，罗斯福都能找到与对方身份相当的话题，让彼此的谈话轻松愉快，在对方心里烙下美好的印迹。

1940年，处于前线的英国已经无钱从美国"现购自运"军用物资，一些美国人没有认识到唇亡齿寒的道理，便想放弃援英。罗斯福总统在记者招待会上这样宣传了《租借法》以说服他们：罗斯福并没有直接指责这些人目光短浅，这么做除了会触犯众怒外毫无意义，更可能会得到适得其反的结果。他细致深入地向大家讲解了事情的利害关系。他用通俗易懂的比喻，深入浅出的说明，点中要害，使人们不得不心悦诚服。

他这样说道："如果我的邻居家失火了，在四五百英尺以外，我有一截浇花园的水龙带，若给邻居拿去接上水龙头，就可能帮他把火灭掉，火势也不会蔓延到我家。我该怎么办呢？我总不能在救火之前这么跟他说吧：'喂！伙计，这是我花15美元买来的，你得照价付钱。'而这时，邻居又刚好没钱，那该如何是好呢？我应当不要他的15美元钱，而是让他在灭火之后还我水龙带。如果火灭了，水龙带还完好，那他就会连声道谢，并物归原主。而如果他因救火弄坏了水龙带，但答应照赔不误，现在，我拿回来的是一条仍可用的浇花园的水龙带，这样也不吃亏。"

虽说罗斯福总统援英的信念非常坚定，但他照顾到了他人的心理接受程度与听觉感受，不是直接以强硬的态度表达，而是借用通俗的比喻温婉的表达来表明自己内心的真实想法，从而达到了较好的说服效果。

达到目的的方法有多种，但最好的方法往往是柔中带刚。心平气和是一种风度，更是一种气度，柔婉平和的语气、美妙动听的声音会让无理取闹者羞愧，更会让通情达理者从内心深处乐于同我们交流。但要想谈吐温婉也不是一蹴而就的事情，它也需要我们用心去磨。

心灵美才能真正地语言美，一个心灵丑恶的人，绝不会说出美丽的语言。要想做到外在的温婉谈吐，还应当加强内在的个人思想和性格锻炼。

同时，还要注意使用尊重对方观点、感情的谦词敬词、礼貌用语，以取得对方的好感。那些粗鲁、污秽的词语一定要避免出现在我们的言语交谈中，因为这些用词会给对方心理造成极度不舒服的反应。此外，在句式上尽量少用"否定句"，多用"肯定句"；在用词上要注意感情色彩，多用褒义词、中性词，少用贬义词，以减少对对方心理的刺激；在语气上要委婉、文雅。

◆ 条理清晰，说话便有条不紊

条理清晰、有条不紊的谈话，可给人以稳重之感。拥有好口才的人几乎都不是快嘴快舌。这倒不是他们反应迟钝、不善辞令，而恰恰相反，他们机敏过人、能说善道。他们清楚地了解他人心理，了解说话并不仅仅靠能言善辩就可以胜任的。

在语言沟通中，假如只顾快嘴快舌，就无法产生好的效果。没错，口齿伶俐可以在短时间内传播大量的信息，但也不能忽视信息的价值是由讲话者能否在内心深处给对方以信赖感所决定的。假如只为了抢速度，而让对方觉得你轻浮，进而对你所提供的信息产生一定的怀疑的话，那是得不偿失的。因此，即使提供的信息再多、再全，而很难得到对方的真正接受与认同，那也没有什么意义。

与人交谈时应注意纠正语调生硬、语速太快的习惯，做到委婉平缓，简洁明了，条理清晰，动人心弦。这是好口才的基本要求，也是能让听者听起来赏心而又悦耳的必要因素。

要做到说话有条不紊，不妨试试以下几个办法：

1. 要有充分的心理准备

如果在说话时对所要说的内容没有认真考虑过，肯定会感到无话可说，即使说起来也不会流畅自如。因此，必须在讲话之前充分地准备，这准备还包括具体的内容、他人信息等，绝对不能信口开河，无的放矢。

2. 勇于开口

善于言辞的才能并不是每个人天生就具备的，它是在环境的影响下，通过个人的实际训练而逐步发展的。

所以，我们应当克服害羞胆怯的心理，在生人面前或人多的场合，争取发言的机会，勇敢地发表自己的看法与见解，敢于与他人进行交流，要相信我们散发在言语中的自信对方是能感受到的。

3. 平时要多注意自己的逻辑思维能力训练

说话是需要讲究条理的，只有这样才能让别人更明白你的表达。如果想说什么就说什么，就显得毫无逻辑可言，说话也就没有什么说服力。而有逻辑的言辞，不仅是一个人在职场上必须具备的技能，更是成功的保障。

◆ 让委婉来得更亲切一些

生活就是一个舞台，虽然说心有多大舞台就有多大，但在舞台上一味地直抒胸臆、出言不逊，往往会损害自己的个人形象，不招他人喜欢，甚至会让人内心反感。这就涉及语言的委婉性、得体性问题。以此为基点，运用适当的语言表达手段，不仅能树立谦逊成熟的形象，还有利于彼此内心的思想交流和交往目的的达成，让他人喜欢与我们交流沟通。

有这样一个故事，有一家新开的理发店，门前贴着一副对联："磨刀以待，问天下头颅几许；及锋而试，看老夫手段如何。"这看似气势恢宏的对联，内容上却是磨刀霍霍、令人胆寒，结果吓跑了不少顾客，这家理发店也自然是门可罗雀。

而另一家理发店的对联就以含蓄见长："相逢尽是弹冠客，此去应无搔首人。"上联取"弹冠相庆"之典故，含有准备做官之意，符合理发人进门脱帽弹冠之情形；下联意即人人中意、心情舒畅。此联语意婉转，结果这家理发店生意兴隆。

不难看出，书面语言的委婉含蓄有着重要的益处，这在我们的日常言语交谈中也同样适用。

英国思想家培根曾说过："交谈时的含蓄和得体，比口若悬河更可贵。"在言谈中，有驾驭语言能力的人，总会自如地运用多种表达方式并不断探索各种语言风格。

虽然有些话非直言不讳不行，但生活中并非处处都能"直"，有时还非得含蓄、委婉些，使其表达效果更佳，让对方内心更容易接受与认同。球王贝利在绿茵场上的超凡技艺不仅令万千球迷心醉，而且常使场上对手叫绝。尽管他不知踢过多少好球，但当他创造进球数满一千的纪录后，有人问他："您哪个球踢得最好？"贝利笑笑回答："下一个。"无独有偶，巴黎的大铁塔可谓举世闻名，可是它的设计者——埃菲尔，却一度鲜为人知，他曾用微妙的俏皮话表达他难以形容的心情："我真忌妒铁塔。"一句婉言，包含了万语千言。

同时，很多时候，委婉还是说服别人或促使听者反省自查的"温柔"武器。

有一次，居里夫人过生日，丈夫皮埃尔用一年的积蓄买了一件名贵的大衣，作为生日礼物送给爱妻。当她看到丈夫手中的大衣时爱怨交集，她既想感激丈夫对自己的爱，也想说明不该买这样贵重的礼物，因为那时试验正缺钱。于是，她婉言道："亲爱的，谢谢你，谢谢你，这件大衣确实谁见了都是喜欢的，但是我要说，幸福是简单的，比如说，你送我一束鲜花祝贺生日，对我们来说就好得多。只要我们永远一起生活、战斗，比你送我任何贵重物品都要珍贵。"这一席话使丈夫认识到自己花那么多钱买礼物确实欠妥当。

可以说，委婉是一种修辞手法，即在讲话时不直陈本意，而是用委婉之词加以烘托或暗示，对于这样的心理语言越是揣摩，似乎含义也越深、越多，因而也就越具有吸引力和感染力。

有时，人们故意用游移其词的手法，既不违背语言规范，又给人以风趣之感。比如，有人在谈及某人相貌丑陋时说"长得困难点"，在谈到对一件事、一个人有不满情绪时，说他对此人此事有点"不感冒"等，都能曲折地表达事情的本意。

当然，使用委婉语，必须注意避免晦涩艰深。谈话的目的是要让人听懂，如一味追求奇巧，会使他人"丈二和尚摸不着头脑"，甚至造成误解，必然影响表达效果。要做到语言含蓄，须善于洞悉谈话双方的心理情境和宗旨，还要练就随机应变的本领，这样才会使语言得心应口、别有新意，才能让听者从内心深处感到轻松且愿意接受。

◆ 用自信与热情感染他人

言谈中，几乎所有人都担心选择的题目不能引起他人的兴趣，其实除了这个问题之外，更有效的办法是：点燃自己对这个话题的狂热之情。这是激发对方产生心理共鸣的又一重要因素。

对自己所要说的话题要有深刻的感觉，这极为重要，除非你对这个话题有特别的偏爱，否则就别想让听者从内心深处相信你。只有用热诚形成说服力，才会在他人内心留下深刻的印象，久久地刻在人们的脑海中。

> 热情与人的关系就犹如蒸汽机和火车厢的关系，它是我们人生前进最主要的推动力，更是一个普通人想让生活、工作变得越来越好的最关键的心态。

在纽约一家极具知名度的销售公司里，有个销售员经常提出反常的论调，说自己能使兰草在无种子、无草根的情形下生长，他将山胡桃木的灰烬撒在田地里，然后转眼间兰草就出现了，所以他坚决相信山胡桃木灰是兰草生长的原因。在对这件事情进行评论时，有人指出，销售员这种非凡的发现若是真的，可在一夜之间成为巨富，因为兰草的种子价格很昂贵，而且这还会使他成为人类历史上一位杰出的科学家。但事实是根本不可能有这种奇迹发生。

这是个很明显的错误，因为没有人能从无机物里培育出生命。但那个销售员连想都没想，立即站起来反驳，大声说他没错，说自己还没有引用论据，只是陈述经验而已。

因此，他继续说下去，扩大了原先的论述，拿出了至关重要的资料，举出了更多的证据，他的声音带着无限的真诚。有人再一次反驳他，说这是不可能的，他百分之百错误。他马上又站起来，提议可赌五块钱，让美国农业部来解决此事。

经过几次争论，情况发生了很大变化，现场一半以上的人支持销售员的观点。

有人问那些改变主张的人，是什么改变了自己最初的观点，他们都说是讲演者的热诚和态度让他们对自己的常识产生了怀疑。

毋庸置疑，销售员的结论肯定是错误的。但这件事可以给人很大的启示，那就是：说话者如果真的确信某件事，并热切地谈论它，便能使人相信，哪怕是说自己能从尘土和灰烬中种植出兰草。既然这样，那么人们头脑中归纳、整理出来的信念，要是正确的常识和真理，更会有强大的力量让人们信服。

曾有人问前美国驻意大利大使理查德，他是如何成为一个意趣无穷的作家的，他成功的秘诀是什么。理查德说他非常热爱生命，所以不能静下来不动，他只觉得必须把内心涌动的意念告诉人们。对于像理查德这样的作家，不被他吸引才怪。

有一位叫夫林的先生，他从一家报社所发行的一本小册子里仓促而肤浅地搜集了一些关于美国首都的资料，然后演讲。虽然在华盛顿住了许多年，他却不能举出一件亲自经历的事来证明自己喜欢这个地方。所以，他的演讲听起来枯燥、无序、生硬，他讲得很痛苦，大家听得也很难受。

两周后，发生了一件事。夫林先生的新车停放在街上，有人开车将它撞得面目全非，并且逃逸无踪，他当时非常生气。但这件事是他的亲身经历，当他说起这辆被撞得面目全非的汽车时，讲得真真切切、滔滔不绝、怒火冲天，就像维苏威火山喷发一样。两周前，大家听他的演讲时还觉得枯燥无聊，坐立不安，现在却都给了他热烈的掌声。

一个人的热情，就像在我们的面前摆了强有力的事实，在我们内心深处一遍遍敲打并告诉我们：这一切都是事实，毋庸置疑，就像说话者的热情一样，让人无法抗拒。说话时，保持充满热情的活力，能让他人从我们身上读到积极而又肯定的信息，便会消除内心对我们的怀疑。同时，被我们身上的自信与热情感染，会给他人留下深刻的印象，更容易俘获他人的心，打动对方。

总之，把充满崇拜式的热情投入到我们的谈话中，我们就能征服这个世界，征服他人。

第4章　赞美效应
溢美言辞，让人如沐春风

马克·吐温曾经说过："一句精彩的赞语可以代替我十天的口粮。"

赞美天生有一种魔力，能拉近人与人之间的距离，消除彼此之间交往的阻碍。

◆ 有创意的赞美更让人受用

是谁说蝴蝶飞不过大海？是谁说再美的言辞也抵不过冰冷的阿拉伯数字？我想告诉你，赞美是一缕春风，能温暖人的心田，是人与人之间至高无上的"润滑剂"。

赞美的话人人都喜欢听，但陈词滥调或者不着边际的赞美只会让他人无比厌恶，因此赞美的话也得有新意才成。只有有新意的赞美才能真正赢得他人的好感与认同。

赞美他人就是希望能让听的人心里高兴，而有创意的赞美更能让人内心一震，让人受用。因此，赞美也是一门艺术，提升我们的说话能力，就需要修炼自己的赞美能力。

一位将军听到别人称赞他美丽的胡须便大为高兴，但对于有关他作战方式的称赞却不放在心上，这种心理想必每个人都曾遇到过。肯定不少人赞美过这位将军的英勇善战及富于谋略的军事才干，但是他作为一个军人，不论在这方面怎样赞美他，也只是赞歌中的同一支曲子，不会使他产生自豪感。然而，如果对他军事才能以外的地方加以赞赏，等于在赞词中增加了新的条目，他便会感到无比满足。恭维他人时，捧出新鲜的意味很重要。

钱锺书先生的称赞也像他的《围城》一样充满智慧的创意，给人以新鲜而受用的感觉。

有一年冬天钱锺书访问日本，在早稻田大学文学教授座谈会上即席作了《诗可以怨》的演讲。开场白是：到日本来讲学，是很大胆的举动，就算一个中国学者来讲他的本国学问，他虽然不必通身是胆，也得有斗大的胆。理由很简单，日本对中国文化各方面的卓越研究，是世界公认的；通晓日语的中国学者也满心钦佩和虚心采用你们的成果，深知要讲一些值得向各位请教的新鲜东西，实在不是容易的事。意大利有一句嘲笑人的惯语："他发明了雨伞。"据说有那么一个来自穷乡僻壤的土包子，一天在路上走，忽然下起小雨来了，他凑巧拿着一根棒和一块方布，于是急中生智，用棒撑了布，遮住头顶，居然到家没有淋得像落汤鸡。他自我欣赏之余，也觉得对人类做出了贡献，应该公之于世。他听闻城里有一个发明品专利局，就兴冲冲拿棍连布，赶进城去，到那局里报告和表演他的新发明。局里的职员听他说明来意，哈哈大笑，拿出一把雨伞来，让他看个仔细。我今天就仿佛是那个上专利局的乡下佬，孤陋寡闻，没见识过雨伞。不过，在找不到屋檐下去躲雨的时候，用棒撑着布也不失应急的一种有效方法。

钱锺书先生没有一开始就把日本抬出来进行大肆恭维，而是先讲对日本汉学研究中国人不敢等闲视之，即使是中国专家在日本讲中国学问，也要对听众的水平作最充分的估计，把这作为一个好的切入点。

后段讲自己不通晓日语，除了有勇气之外，没什么资本。他没有用什么千篇一律、气势磅礴的语言高调直接地赞美日本的种种，而只是通过一系列的类比对比，借助小故事来抬高并赞美日方，使在座的听腻了高谈阔论、大肆恭维的所有日本听众从心理上既感动又受用。

◆ 内心真诚的赞美，可以创造奇迹

莎士比亚曾说："赞美是照在人心灵上的阳光。没有阳光，我们就不能生长。"来自内心的真诚的赞美，就像洒在心灵上的阳光和雨露，给身处逆境的人以希望，催人上进，也给积极向上的人注入新的心灵能量，给予他们前行的力量。

著名作家狄更斯成名前曾有一段颇为艰难的时期。他很想成为一名作家，但是他做什么事情都很不顺利，他父亲因为负债累累正在坐牢。他时常忍受饥饿之苦，最后他找了一份工作，在一个又脏又乱的货仓里贴鞋油标签。他对他的作品毫无信心，他怕被别人看见了会笑话自己，常常在深夜里才溜出去寄自己的稿子。一篇又一篇文章被退了回来，但是他还在坚持。最终，他的一篇文章被接受了，虽然没有报酬，但是编辑夸奖了他："你在写作方面很有天赋，虽然现在你还写得不很成熟，但是我们愿意试用你的一篇稿子。"刹那间他便泪流满面。

来自编辑内心的真诚嘉许，改变了狄更斯的一生，否则他可能要在脏乱的工厂里工作一辈子，我们也就可能无法阅读到那么多优秀的作品。如若没有来自那个编辑的真诚赞美，狄更斯在受到多次打击后，可能真的会放弃自己的写作梦想。

赞美是最能打动人心的语言。特别是发自内心的欣赏和热爱，溢于言表的热情和鼓励，更能推动人前进。发自内心的真诚赞美，总是能表达与代表人们心灵深处最执着的渴望，没有人能抵住赞美的诱惑，也没有人能够轻视赞美的力量。当赞美的作用发挥到极致的时候，它可以改变世界，创造奇迹。

> 世界上最美好的声音就是赞美，最好的礼物也是赞美，成功的赞美能给他人带来愉悦，能使他人受到鼓舞。

在非洲南部有一个民族叫巴贝姆巴族，这个部落很有凝聚力，族人们相濡以沫，经受住非洲恶劣的自然条件的考验，代代相传。这都源于这个部落始终保持的一种古老的生活仪式：当部族里某个人犯错误的时候，族长便会让犯错的人站在村落的中央，然后整个部落的人都会放下手中的工作，从四面八方赶来，用真诚的赞美来洗涤他的心灵。围上来的族人从最年长的人开始发言，依次告诉这个犯错的人，他有哪些优点和善行，他曾经为整个部落做过哪些好事。叙述时既不能夸大事实，又不能重复别人已经表达过的赞美。整个赞美的仪式，要持续到所有族人都将正面的评语说完为止。在这种赞美中，犯错的人感受到灵魂的洗礼，重新看到向善的方向。巴贝姆巴族部落的族人便以此相依为命，互助互爱，不分彼此。

赞美的力量很强大，能发自内心给予别人真诚赞美的人也很了不起。赞美就要发自内心，真诚、得体，他人便能从内心深处真正感受到，也能从我们的真诚赞美中汲取能量。同时聪明得体的赞美会让对方产生如遇知己感，很快从心理上与我们消除陌生感，拉近彼此之间的距离。而随意虚假的奉承只会让对方避之唯恐不及甚至内心深深厌恶。

◆ 赞美具体才不是敷衍

抽象笼统的东西往往很难确定它的范围，难以给人留下深刻的印象。而能给人以内心美的感受的赞美，虽说也是虚无缥缈的，但如果能赞美到实处，具体而又深刻，那便是看得见、摸得着的。

很多时候很多人的赞美从心理上总给人一种虚、空、大的感觉，让人觉得不实在，只是在对他人进行敷衍。如果赞美的话从我们口中说了出来，但并没有得到他人心理上的认可，那就谈不上给他人带来精神上的愉悦，更不会让他人印象深刻或者喜欢与我们交谈。而如果换一种方式，用具体而又恰到好处的赞美，会让他人觉得一切有章可循，实在而又贴切，便会思忖一下自己是不是真是如此，继而满足他人的虚荣心，也给足了他人认同感，这种赞美方式便是他人内心深处真正乐于接受的。

所谓深入、细致，就是在赞美别人的时候，要挖掘对方不太显著的、处在萌芽状态的优点。因为这样更能发掘对方的潜质，增加对方内心的价值感，赞美所起的作用会更大。

如果要称赞某人是个好推销员，可以说"老王有一点非常难得，就是无论给他多少货，只要他肯接，就绝不会延期"。

某市文化公司要建造一座影剧院。这一天，公司王经理正在办公，家具公司的李经理找上门来推销座椅。

"哟！好气派。我从未见过这样漂亮的办公室，如果我有一间这样的办公室，我这一生的心愿都满足了。"李经理这样开始了他的谈话。他用手摸了摸办公椅扶手："这不是香山红木吗？难得一见的上等木料哇！"

"是吗？"王经理的自豪感油然而生。他说："整个办公室是请深圳的装修专家装修的。"说罢，不无炫耀地带着李经理参观了整个办公室，兴致勃勃地介绍设计比例、装修材料、色彩搭配，兴奋之情溢于言表。

不用说，李经理最后顺利地拿到了王经理签字的座椅订购合同。他得到了满足，并且他也给了王经理一种心理满足。

李经理最有亲和力的一句赞语恐怕就是那句"这不是香山红木吗？难得一见的上等木料哇！"他在称赞王经理的办公室时，不是只用一句"办公室很漂亮"就打发了，前面总体进行了评价，后面还不忘加上具体的对办公室物件的评价。真正地做到了具体，这就让王经理从内心感受到了对自己的认同，不觉得对方只是在简单地敷衍自己，不是因有求于他而进行的浅薄恭维，真正满足了王经理内心的自豪感。

可见，与他人的言语交谈中，赞美他人时，笼统赞美而又不忘具体的评价，才算是赞到了点子上，才能让他人从内心深处获得认同感与愉悦感，也才能使他人敞开心扉。

◆ 不要让赞语引起误解

与他人的交流过程中，不要突然没头没脑地大放颂词，如果这样，既会让人从内心觉得很突兀，也会让人觉得我们动机不纯。同时没头没脑地大放赞语，很容易引起他人心理上的误解，而一旦我们的赞语引起了误解，那就像原想讨好给人挠痒痒，谁知却挠破了皮，岂不是自讨没趣，甚至还会引起他人的反感及恼怒。

在赞美他人时，要留意应在何时以什么事为引子开始称赞对方，能让对方最容易接受、欣喜。同时也一定要避免自己的赞语可能会引起的一切误解。

一男青年晚上在饭店碰到一位认识的女士，她正和一位女伴在用餐，两人刚看完歌剧，穿戴漂亮。这位男青年觉得眼前一亮，很想恭维一下对方："噢，康斯坦泽，今晚你看上去真漂亮，很像个女人。"对方不免生气道："我平常看上去像什么样呢？像个清洁工吗？"

这位男青年就犯了这样的错误，赞美的话人人都喜欢听，女人更喜欢听。本想赞美对方漂亮，获得她的青睐，谁知却不注意措辞，引起了对方的误解，引得他人内心恼怒，得不偿失。

一次管理层会议上，一位报告人登台了。会议主持人向略显吃惊的听众介绍："这位就是刘女士，这几年来她的销售培训工作做得非常出色，也算有点儿名气了。"

这末尾的一句话显然画蛇添足地让人不太舒心，什么叫"也算有点儿名气"。既然是做得非常出色，那又怎么"也算有点儿名气"呢，显然前后矛盾，话语中含有的对他人的否定，让人听了觉得不舒服，甚至会让人觉得不是赞美而是谴责、贬低或侮辱。

因此，在表扬或称赞他人时一定要谨慎，注意措辞，以免我们的赞语引起对方的误解，尤其要注意以下几条基本原则：

1. 列举对方的优点或成绩时，不要举出让听者觉得无足轻重的内容，比如向客户介绍自己的销售员时说他"很和气"或"纪律观念强"之类的和推销工作无关联的特点。

2. 赞扬不可暗含对对方缺点的影射。比如一些口无遮拦的话："太好了，在一次次半途而废、错误和失败之后，您终于大获成功了一回！"

3. 不能以自己曾经不相信对方能取得今日的成绩为由来称赞他。比如"我从来没想到你能做成这件事"，或是"能取得这样的成绩，你恐怕自己都没想到吧"。

另外，赞语不能是对待小孩或晚辈的口吻，比如"小伙子，你做得很棒啊，这可是个了不起的成绩，就这样好好干！"

总之，赞美就像空气清新剂，可以振奋对方的精神，"美化"身边的气氛，但也必须清楚，再好的清新剂也有过敏者甚至反感者。如果不首先人情练达，不根据所赞对象的心情，不顾及对方的内心感受及当时情境的具体情况而乱赞一通，势必会引起他人误解，最后适得其反。

◆ 出其不意之处的赞美，好比意外的礼物

向人"请教一切"是不行的，应该择其所长，集中某点来请教。这会让他人从内心真切感受到我们赞美的真实性，会增强对方的信赖感。与其赞扬别人的生意好，不如另辟蹊径，赞美他的推销技术高明，或是赞美他工作努力。要知道，源自对方奇特之处的赞美，好比意外的礼物，能让人从内心深处感到惊喜与兴奋。越是鲜为人知的地方，越渴望得到别人的认同与赞美，能让对方内心深处的自豪感倍增。

凡说恭维赞美的话一定要切合实际，新鲜奇特独到。到别人家里，与其乱捧一通，不如就某一点鲜为人知的地方进行赞美，或欣赏

墙上的一幅好画，或惊叹一个盆栽的精巧，毫无成见地欣赏别人的爱好和情趣，把自己独特的眼光融入其中，一定会深得主人的喜欢。

要赞美得准确，抓住对方鲜为人知的东西，不同于他人而进行奇特赞美，就需要一双善于观察的眼睛。主人爱狗，谈话间也总是把狗挂在嘴边，那就赞美他养的那只狗；主人虽很有气质，赞美其品位并不显得高明，她养了很多金鱼，那就欣赏那些鱼的美丽。

对一个有地位名望的人，赞美他所用的字眼应当另有研究和选择。首先要明白，一个名人之所以能够成为名人，一定是他在某一项工作上有特殊的贡献。而在他成名之后，赞美他的人一定很多，积久生厌，依样画葫芦地用别人所用过的话来恭维他，势必会引起对方的反感，不会取得好的效果。

最好选择他工作以外的另一方面去赞美，比如某银行界巨子，喜欢在闲时写写诗，那么与其赞美他金融方面的能力，不如夸他的诗写得好。已有所成就的工作，无须再去恭维，他的诗写得很好，却不为人所知，要是特别提到，一定会给他意外的惊喜，让他从内心真正喜悦。

赞美一个普通人可以赞美他努力了许久而无人注意的工作，尤其是他足以自豪的工作或本领。对于功成名就者，要欣赏

> 恰如其分的赞美能使人心情愉悦，但赞美过度则会适得其反。过度的赞美会有阿谀奉承之嫌，给人一种虚情假意之感，这样就会招人厌恶，也就不会达到赞美的目的。

他那些不大为别人所知道的，却是他内心自以为得意的事情。

对他人进行赞美，跳过对方身上特别明显重要的东西，而特别关心其某一事物，且这些并不常为人所提及，必使对方内心真正欣喜之余还觉得感激，甚至会有种"英雄所见略同"的知己之感。"士为知己者死，女为悦己者容。"钟子期死后，伯牙终身不再鼓琴，其感思知己如此之甚者，不外子期懂得欣赏他的琴声并给予他认同感而已。

因此，善于说话的人，常常因一句话说得适当而成了一件事。但说这些赞语时，一定要饱含真诚，只有从内心发出的赞美别人的话才是有诚意的。

另外，从第三者口中得到的有关对方的信息，有时在初次见到对方时能起到重要的作用。然而有关对方的传言，对我们来说即使十分新鲜，也应避开那些陈旧的赞美之词，而应当大大赞美他较不为人所知的一面。

◆ 赞美要因人而异

人与人各自的心理特点不同，因此对不同的人进行赞美也应当采用不同的语言方式。只有切实去了解并尊重不同人的不同心理，切实把言语交谈的对方区别看待，当作一个独立的个体来进行赞美，才能做到真正把赞美的话说到实处，说到别人心坎里，才能真正愉悦他人，讨别人喜欢。

一般说来，常常会有以下心理特征：男性心理一般比较要面子好虚荣，多喜欢追逐功名、显示能力、展示个性以显潇洒和能力；而女性心理则对容貌、衣着刻意追求，或喜欢身边伴个白马王子以示

魅力。

因此，对于男性的赞美可多从个人能力、个性、品格上来进行赞美。男人爱面子，把面子看得相当重要，在赞美的过程中一定要给足男人面子，切不要无意涉及对方的敏感区域，以免引起不必要的误会。

基于女性的这些心理，则可以多从容貌、服饰、个人魅力等方面来进行赞美，爱美是女人的特别喜好。从这些地方对女人进行赞美，一定能击中她的软肋。但无论是赞美女性，还是赞美男性，均应把握好分寸，讲究用语。

同时，异性间的赞美与恭维，也绝对要讲究技巧，否则稍有不慎便会招致不必要的误解。如果是初次见面，赞美更要注意分寸。过度殷勤热情很可能被理解成过于露骨的奉承甚至给人留下低俗讨厌的印象，无法将自己要表达的意思正确地传递给对方。而过于轻描淡写又让对方内心无法真正感受到我们的诚意。使用含糊的恭维之词不失为一种好办法。对于含义模糊的词句，人们往往会往好的方面去猜想、理解。

还有，女性心理往往比较细腻与敏感，对女性还应该注意如下：

1.对女性进行赞美时，千万不要显露轻视的成分

在社会制度及以往所形成的社会形态之下，女性渴望的是尊重与平等，应当牢记这一点，也应当让女性能时刻感受到自己被重视、被

尊重，这其实无形中就是对女性的一种认可与赞美。

2.千万不要在女性面前称赞其他女性

有人说："女人的敌人就是女人自己。"对女性而言，其他女性就是永远的敌人。

据说某市女子中学，有位男老师在课堂上总是以相同的速度走动，倘若中途不经意间停下来，那么全班同学便认为老师对旁边的女孩子有意思。对此，也许有人会觉得很荒谬，实际上却有男老师因不堪其扰而辞职。

女性在男女关系中更希望自己是最受重视的一个，这种心态很敏感也很脆弱。情侣相携上街，男的看着迎面而过的漂亮姑娘，说道："哇！好漂亮的女孩。"这种出于男性本能而又无心的一句话，很可能会深深刺伤女朋友的心，引起彼此之间的不愉快。

看人下菜碟，赞美也是。即使是因为相同的事由，也不能以同样的方式来称赞所有的人。不要试图寻找在任何时间、任何场合下对任何人都适用的"赞赏万金油"，它是不存在的。避免给对方留下"这人对谁都讲那么一套"的坏印象，才不至于给他人产生敷衍与不友好、不真诚的感觉。因为，即便同一个人在不同的场合或者境遇中也会有不同的心境。因此，一定要照顾到谈话对象现时的心理特点，才不至于说错话让他人反感与厌恶。

在有很多人的聚会中，即便由于同样的理由要再次恭维他人时，也应当仔细想一想，这个人与其他人相比，到底有何突出之处，这样就能因人制宜、恰到好处地赞扬别人，把话说到别人心坎里，击中他人软肋。

第5章　困境心理反应
临危不乱，机智化解

　　说话不是一件简单的事情，而说好难说的话更是不容易。然而，不管困境因何产生，都可以凭借舌灿莲花的说话智慧，巧妙摆脱尴尬不利的境遇。

◆ 用委婉含蓄的语言拒绝对方

任何人都有得到别人理解与帮助的需要，任何人也都常常会收到来自别人的请求和希望。可是，在现实生活中谁也无法做到有求必应，所以，深谙他人心理，从对方的角度出发，掌握好说"不"的分寸和技巧就显得很有必要。

要拒绝、反对对方的某些要求或制止对方的某些行为时，你可以利用一些比较含糊的理由作为借口，避免与对方直接产生对立。比如，你的同事向你推销一套家具，而你并不需要，这时候你可以对对方说："这套家具确实比较便宜，只是我也弄不清楚究竟怎样的家具更适合现代家庭，据说有些人对家具的要求是比较复杂的，我的信息太缺乏了。"

在这种情况下，同事只好带着莫名其妙或似懂非懂的表情离去，因为他听出了"不买"的意思，"更适合现代的家庭"却是一个十分笼统而模糊的概念，这样即使同事想组织"第二次进攻"，也因为找不到明确的目标而只好作罢。

当别人有求于你的时候，很可能是在万不得已的情况下才来请你帮忙的，其心情多半是既无奈又感到不好意思。所以，先不要急着拒绝对方，而应该尊重对方的内心愿望，从头到尾认真听完对方的请求，先说一些关心、同情的话，然后再讲清实际情况，说明无法接受请求的理由。由于先说了一些让人听了内心产生共鸣的话，对方才能相信你所陈述的情况是真实的，相信你的拒绝是出于无奈，因而也能够从内心理解你。

例如，有个朋友想请长假外出经商，来找某医生想让对方出具一份假的肝炎病历和报告单。医院对此作假行为早已多次明令禁止，一经查实要严肃处理。于是该医生就婉转地把他的难处讲给朋友听，最后朋友说："我一时没想那么多，经你这么一说，我也觉得这个办法不行。"

这样的拒绝，既不会影响朋友间的感情，又能体现出你的善意和坦诚。

拒绝对方，你还可以幽默轻松、委婉含蓄地表明自己的立场，那样既可以达到拒绝的目的，又可以使双方摆脱尴尬处境。

美国总统富兰克林·罗斯福在就任总统之前，曾在海军部担任要职。有一次，他的一位好朋友向他打听在加勒比海一个小岛上建立潜艇基地的计划。罗斯福神秘地向四周看了看，压低声音问道："你能保密吗？""当然能。""那么，"罗斯福微笑地看着他，"我也能。"

富兰克林·罗斯福用轻松幽默的语言委婉含蓄地拒绝了对方，在朋友面前既坚持了不能泄露机密的原则立场，又没有使朋友难堪，取得了极好的语言交际效果。以至于在罗斯福死后多年，这位朋友还能愉快地谈及这段总统逸事。相反，如果罗斯福表情严肃、义正词严地加以拒绝，甚至心怀疑虑，认真盘问对方为什么打听这个、有什么目的、受谁指使，岂不是小题大做、有煞风景，其结果必然是两人之间的友情出现裂痕甚至危机。

委婉地拒绝既能照顾到对方的心理情绪与状态，又能让对方知难而退。例如，有人想让庄子去做官，庄子并未直接拒绝，而是打了一个比方，说："你看到太庙里被当作供品的牛马了吗？当它们尚未被宰杀时，披着华丽的布料，吃着最好的饲料，的确风光，但一旦到了太庙，就被宰杀成为供品，再想自由自在地生活着，可能吗？"庄子虽没有正面回答，但一个很贴切的比喻已经答复了对方，让他去做官是不可能的，对方自然也就不再坚持了。

◆ 机智摆脱尴尬局面

言语交谈中，我们常常会面对他人无意或者刻意造成的困境，给我们制造难以摆脱的尴尬与难堪。但很多时候，为了利益，为了生存，我们也不能只处于被动的境地，应当采取积极机智而又有意义的回应，不仅能达到缓解尴尬的目的，也能让他人感叹我们的机智与说话技巧。处在尴尬境地时，不妨运用"秀才遇到兵，有理说不清"的"大老粗"策略。

故意使用对方无法理解的语言，或者装作听不懂对方的语言，让对方在与我们进行沟通时在心理上产生挫败感，并激发他的火气。他若发火，则我们已立于不败之地，因为发脾气给人的感觉总是理亏，如果他不发作而隐忍，也必定会搅乱其内心思维，使他不知不觉地处于心理劣势。

曾经有一个在包子铺帮忙卖包子的女孩子，平日只是干活并不多话，和人聊天时总是面带微笑。由于这家包子铺的生意特别好，附近小店铺里的人很妒忌，包子铺经常会有一些难伺候的顾客故意找茬儿，挑三拣四，没事找事。这天，来了一位中年女子，硬说包子里的辣椒把她的喉咙给辣坏了，谁知那位女孩只是默默微笑着，一句话也没说，只偶而问一句"啊？"最后，那个找茬儿的顾客主动鸣金收兵，但也已气得满脸通红，一句话也说不出来。

也许很多人会说，那个沉默女孩子的"修养"实在太好了，其实事实不是这样，而是那位女孩子的听力不大好，理解别人的话总是要慢半拍，而当她仔细聆听别人的话语并思索其意思时，脸上又会出现"无辜""茫然"的表情。当那个中年女子对她发作那么久，那么卖力，她回以的却是这种表情和"啊"的不解声，难怪对方斗不下去，只好鸣金收兵了。

其实，装聋作哑的力量是巨大的，面对"沉默"，所有的语言力量都消失了。

只要有人的地方，就会有争斗。因此要有面对不怀善意的力量的心理准备，我们可以不去攻击对方，但保护自己的"防护网"一定要有，聪明人的举动是：不如装聋作哑。

聋哑之人是不会和人起纷争的，因为他们听不到、说不出，别人也不会找这种人斗，即便斗了也是白斗。不过大部分人都不聋又不哑，一听到不顺耳的话就会回嘴，其实一回嘴就中了对方的计。不回嘴，他自然就觉得无趣了，内心的嚣张气焰也会逐步消失殆尽。如果他还一再挑衅，只会凸显他的好斗与无理取闹罢了。因此面对对方的沉默，这种人多半会在几句话之后就"且骂且退"，离开现场，如果我们还装出一副听不懂的样子，并且发出"啊"的声音，那么更能让对方"败走"。

装聋作哑，除了以不战而胜之外，也可避免自己成为别人的目标。而习惯装聋作哑，也可避免自己去找人麻烦，有时还可以让心理状态从不利变成有利，好处甚多。

不过，要"作哑"不难，要"装聋"可不易，要培养自己对他人言语"入耳而不入心"的功夫不是一件容易的事情。

一辆列车上，一位身着便服的侦查员走进厕所。冷不防，一个艳装妙龄女郎一闪身也挤进了厕所，反手将门关上："先生，把你的手表和钱包给我。否则，我就喊你非礼我！"一切来得这么突然。侦查员深知，厕所里没有其他人，辩解是毫无作用的。稍一迟缓，这个女郎立即会使自己身败名裂。陷入困境的侦查员临机应变，突然张着嘴巴，不停地"啊，啊"，装成一个哑巴，表示不懂女郎在说些什么。

女郎为难了，赶忙打手势。侦查员仍然窘急地"啊，啊"着。女郎失望了，真倒霉，偏偏碰上了个哑巴！她正想转身离去，此刻，"哑巴"一把抓住女郎，抽出钢笔递给她，打手势请她将刚才说的话写在手上。女郎不禁转忧为喜，接过钢笔就在侦查员的手上写道："把你的手表和钱包给我。不给，我就喊你非礼我！"侦查员翻转手掌，抓住女郎说话了："我是便衣警察，你犯了抢劫罪，这就是证据！"

女郎目瞪口呆……

这位便衣警察就是装聋作哑，靠机智和勇敢战胜了犯罪分子。面对生活中的许多困境，有许多场合都可以使用装聋作哑的办法，躲开别人说话的锋芒，然后避实就虚、猛然出击，势必会给他人内心以沉重打击。但在装聋作哑的过程中一定要抓住关键所在，那就是躲闪避让的机智，虽是"装作"，但要如实施"苦肉计"一样，一定要表演得自然。

"装作不知道"，就是指对别人的话装作没有听到或没有听清楚，以便避实就虚、猛击对方的心理弱点。说辩的锋芒不在于传递何种信息，而是通过打击、转移对方内心的说辩兴致使之无法继续设置窘迫局面，能够寓辩于无形，不战而屈人之兵。

◆ 巧妙地运用暗示

春晚上郭冬临表演的那个《实诚人》小品，相信大家印象都很深刻：夫妇俩准备去听音乐会，谁知同事造访，时间已经来不及了，但又不好意思开口而引发的一系列笑话。

在日常生活中，我们常常会遇到这样的情况：当我们有事情要外出，时间很紧张时，朋友却突然造访且迟迟不离开，这个时候我们走也不是，不走也不行，处境就会很尴尬。如果不说会耽误自己的事情，如果直接说又会伤及别人的自尊和彼此的感情。这个时候，我们就要动动心思，想一个两全其美的办法，既不让他人没面子，照顾到客人的心情，又能迅速抽身。这个最好的办法就是采用暗示的方式让对方会意而主动离开。

一天，娜娜家里来了一位客人，坐在客厅里一直聊，很长时间都没有离去的意思。而娜娜还有其他事要做，屡次示意客人，但那客人"执迷不悟"。无奈之下，娜娜心生一计，对他说："我家的木兰开得正好，我们到园子里去看看好吗？"

客人欣然而起，于是娜娜陪他到花园里观赏木兰。看完后，娜娜趁机说："还回去坐坐吗？"这时，客人看看天色，恍然大悟，连忙说道："不了不了，我该回家了，不然会错过末班车的。"

娜娜巧妙地运用了暗示，既迅速地抽了身，又顾及了客人的面子与心理。

这类事情看似小，但若不注意，生硬地赶走客人的话，势必会伤害他人的自尊心，以后没有人会再理睬我们，当我们造访他人时，也必定会遭此冷遇。

某天晚饭后，几个学生去拜访他们的教授。谈到深夜兴致很高还没要走的意思，教授上了一天的课，感到有些累了，便接着其中一个学生的话题说："你提的这个问题非常有研究价值，明天我要去山东参加一个学术会，准备就这个问题找几位专家一起探讨一下。"几个学生立刻起身告辞："抱歉，不知您明天还得出差，耽误您休息了。"

教授很机智地把学生打发走了，既照顾了学生热切的情绪，又没有将学生冷漠地拒之门外，而是用学术会的借口，这就与其特定的交际场合、对象、自身的身份相称，实现了和谐沟通。倘若教授直言改日再谈，倒也可以达到送客的目的，然而这样会把学生置于尴尬的境地，并且那样也有失教授慈祥和蔼的形象。

其实更多的时候，我们在交谈中常常会忘了时间，但绝大多数时候我们并没有意识到自己这样做会影响到别人，所以不能采用直接拒绝的方式。采用暗示的策略让对方意识到自己的行为并主动离开既显得很有礼貌，也表达了对别人的尊重。

当然，对于很熟悉的朋友就没有必要如此煞费苦心了，我们可以直接告诉他，还有重要的事要做，不能久陪，希望他原谅。

◆ 聪明的人要学会自嘲

言语交谈中难免会说错话，那自然会让人尴尬，但如果因为怕说错话、怕尴尬而不再说话，那无异于因噎废食。没错，说错话的确是一件让人既丢"面子"又伤"里子"的事情，但如果想修炼成一个语言高手，就不能害怕说错话。说错不要紧，重要的是能及时补救，而自嘲就是一种贴心又实用的补救措施。

自嘲是指自己无意间说错了话时，对自己进行一番善意的攻击。这样不仅可以转移对方关注的焦点，而且有时还可以在无形中照顾到对方的自尊心，从而使紧张的气氛得以缓和。

　　新生入校的第一天晚上，宿舍里按照大小排序结束后，老五对老六说："你最小，是我们的宝贝疙瘩，你又姓王，以后干脆叫你'疙瘩王'好了。"谁知说者无心，听者有意，原来老六长了满脸青春痘，这是他心里的一个结，今天又听老五说了这番话，脸色明显阴沉下来。老五也意识到自己说错话了，他赶忙照着镜子说："'蜷在两腮分，依在耳翼间，迷人全在一点点。'唉，小六儿啊，我这真是'一波未平，一波又起'啊！"老六听后不禁哑然失笑。原来，老五本人满脸都是雀斑。

　　这个老五的自我纠错术堪称高明，当他意识到自己冒犯了他人后，立即进行了一番自我调侃，并巧借余光中的诗句点明自己也有满脸雀斑的缺点，既顾全了他人的面子，又照顾了他人的自尊心。"一波未平，一波又起"，既是对自己面部雀斑分布形状的自嘲，又为有口无心而惹来风波自责。老六当然也明白了，因此便不再生气。

　　自嘲，能制造和谐的氛围，能使自己活得轻松洒脱，使他人感受到你的可爱和人情味。当然，自嘲不是自我辱骂，不是出自己的丑。自嘲是一种工具，如果能把握好分寸就能在适当的时候很好地帮你解围，让我们和谈话的对方都能摆脱尴尬的境地。

　　当我们不小心与别人发生争论，并在争论时措辞生硬或嗓门过大，使得对方感到不悦时，可以说："不好意思，我这个人比较容易激动，刚才又成一只斗鸡了。"相信对方听了这样的话后，会付之一笑并不再计较。

当我们因为失误而引发了对立情绪时，不妨适时地自嘲一番，其实，获得他人的原谅一点都不难。这就好比正在打架的两个人，一方突然倒地承认自己不是对手，这个时候，只要对方不是无赖恶棍，通常会又好气、又好笑，于是内心也就不再有敌意，说不定还会上前扶"自败者"一把。

巧妙的自嘲可以让人摆脱困境，更能缓解人内心的紧张情绪。当然，造成心理紧张的原因有时是多方面的，我们的应对方法也要因"情"制宜，但最重要的一点，就是把自己的心态放平和，在我们放松自己的时候，也许一切就没问题了。

生活中有太多的变数，谁都不知道下一刻将发生什么，但是有一点可以明确，适时地进行自我解嘲，可以照顾他人的情绪，放低姿态能赢取他人对我们的好感，使我们的人际关系更融洽。个性化、形象化的自嘲往往可以使自己的语言变得有趣起来。必要的时候，自嘲一下吧，自嘲的人会得到别人的尊重，而且还有可能改变自己的人生轨迹。

◆ 善于寻找话题

不善言谈的人在与人交流中很容易陷入尴尬，而要想打破这种冷场的局面，就需要我们善于寻找话题，没话找话才能挽回失控的尴尬局面。同时，善于在冷场时寻找好的话题，也能及时挽救方才的失语状态，改变他人对我们的认识与看法。

话题是彼此进行交流的媒介，是深入细谈的基础，是进行畅谈的开端。没有话题，谈话是很难顺利进行下去的。好话题的标准是：至少在一方心里是熟悉的，能谈；大家感兴趣，爱谈；有展开探讨的余地，好谈。

要想找到好的话题，应当遵循以下几个原则：

1. 众人都关心的话题

面对交谈的对象，要选择对方内心真正关心的事件为话题，把话题对准他内心的兴奋中心。这类话题是他人心里想谈、爱谈又能谈的，自然能说个不停。

2. 借用新闻或身边的材料

巧妙地借用彼时、彼地、彼人的某些材料为题，借此引发交谈。不仅能避免对方对话题本身的生疏感，也能更好地诱发对方循着话题继续交谈下去，激发对方对这个话题的讨论兴趣。有人善于借助对方的姓名、籍贯、年龄、服饰、居室等，即兴引出话题，常常收到好的效果。"即兴引入"法的优点是灵活自然，就地取材，其关键是要思维敏捷，能作由此及彼的联想。

3. 提问的方式

向河水中投块石子，探明水的深浅再前进，就能有把握地过河。与陌生人交谈，先提一些"投石"式的问题，在略了解对方的内心思想后再有目的地交谈，便能谈得更为自如。

4.找到共同爱好

问明对方的兴趣，循趣发问，能成功调动对方的积极性，顺利地进入话题。如对方喜爱足球，便可以此为话题，谈最近的精彩赛事，某球星在场上的表现，以及中国队与外国队的差距等，这些都可以作为话题而引起对方的谈兴。引发话题，类似"抽线头""插路标"，重点在引，目的在于导出对方潜藏在心底的话茬儿。

5.搭上关系，由浅入深

孔子说，"道不同，不相为谋"，只有志同道合，才能发自内心地谈得拢。我国有许多"一见如故"的美谈，想要真正从内心感到谈得投机，就要在"故"字上做文章，变"生"为"故"。

下面是变"生"为"故"的几个方法。

1.适时切入

看准情势，不放过任何说话的机会，适时

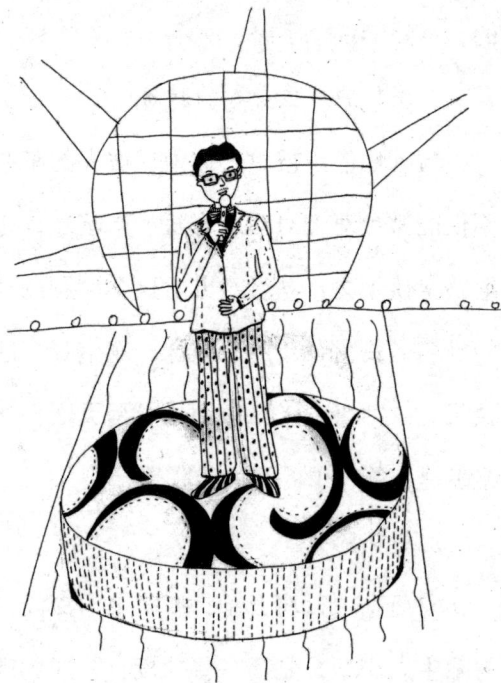

插入交谈，适时地"自我表现"，能让对方真正充分了解自己，了解自己的内心，也给自己了解对方心理的机会。

交谈是双边活动，光了解对方内心情绪，不让对方了解自己，同样难以深谈。他人如能从我们"切入"式的谈话中获取教益，双方会更亲近。适时切入，能把自己的知识主动有效地传递给对方，实际上符合"互补"原则，奠定了彼此内心"情投意合"的基础。

2. 借用媒介

寻找自己与对方之间的媒介物，以此找出共同语言，缩短双方的心理距离。如见一位陌生人手里拿着一件什么东西，可问："这是什么？……看来你在这方面一定是个行家。正巧我有个问题想向你请教。"对别人的一切显出浓厚的兴趣，通过媒介物引发表露自我心迹，交谈也会顺利进行。

3. 留有余地

留些空缺让对方接话，使对方感到双方的心是相通的，交谈是和谐的，进而缩短心理距离。因此，和对方交谈，千万不要把话讲完，把自己的观点讲死，而应是虚怀若谷，欢迎探讨，势必会赢得对方的好感与认同。

◆ 借物说事，明话暗说

生活中人与人之间的交往，时常会出现一些令人意想不到的事情。因为交际双方是积极地参与，而非刻板、机械地迎合，所以交际情景也会不断地发生变化。面对变化着的情境尤其是仓促而至的窘境时说话，既要照顾到对方的心理感受、面子与自尊，也要让自己能及时摆脱困境，这就需要我们调动一切可以调动的语言表达手段，以达到自己想要达到的交际目的。借物说事，明话暗说就是很有效的一种。

交际中，常可以利用身边的事物来说明某种道理或者摆脱某种困境，或以某件能与话题搭上关系的物品来进行对比，从而达到一种形象化的效果。这样能给他人造成心理上的震动与暗示，巧妙地给对方一定程度的回击，让自己顺利走出他人有意设置的尴尬境地。

有一次，蒲松龄到王大官人家去做客，被众人推到了上座，独眼的管家却从下席开始斟酒，有意把他冷落在一旁不管。王大官人也想作弄他，端起酒杯朝他说："蒲先生，喝呀！"蒲松龄端坐不动，他笑着说："大家先别急着喝酒，我说个笑话给大家助助兴。我出门时，碰到内人正用针在缝衣服，就以针为题即兴作诗一首，现在念给大家听听：'一头尖尖一头扁，扁间只有一只眼。独眼只把衣裳认，听凭主人来使唤。'"大家听了，一齐朝独眼管家看去，强忍笑意，大声叫好。这样一来，反而使王大官人及其管家狼狈不堪。

蒲松龄借用了针的形象，讽刺了想为难自己的王大官人及其管家，不但保全了自己的尊严，也让捉弄自己的交际对象"搬起石头砸自己的脚"。

生活与工作中，我们也可以假身旁之物摆脱困境，让左右为难的自己找到台阶下。

如果某人在你的办公桌前滔滔不绝，你却不能耽搁太多的时间，喋喋不休的人是下属或是朋友那还好办，如果偏偏又是得罪不起的人物，不妨写个纸条给同事："到隔壁的办公室打个电话给我。"

过不了几分钟，电话响了。你可以大声说："什么，马上去？我这儿有位很重要的客人，什么？不去不行？那……好吧。"

一般来说，来客会示意你赶快去。即便他没这么说，你也可以假装满心歉意，送走他也不会伤他的自尊。这样既保护了他人的自尊与面子，会让他人心里很受用，也能达到我们的说话效果。

作为女性，遇到男士的邀请，如果想拒绝又不想伤对方的自尊，借物脱困无疑是妙招之一。

假如，有位男士走到你面前说了一句："欢迎你参加！"然后就把一张入场券递给你，这时你想拒绝他，但又要让他下得了台阶，可从皮包里拿出笔记本，打开一看，不论看到什么，都可说："哎呀，我和小王约好今天去购物，你只有和别人同去了，不过还是很谢谢你。"

借用笔记本，给人感觉上面记着自己的时间安排，婉言拒绝了对方，照顾到了对方的面子，同时达到了自己的交际目的和说话效果。

在人与人之间的交际过程中，不管与什么样的人打交道，当遭遇类似的困境时，不妨用借物说事的方法，既能照顾对方的自尊与面子，又能达到自己的谈话效果，让自己顺利走出尴尬的境地。

第6章 职场说话心理策略
笑傲职场，用"心"说话

职场是人生的重要舞台，职场口才便是在这个舞台上精彩表演的关键。良好的职场口才会为人际关系增色，会为团队沟通助力，为团队合作加油，并能使你成为一个职场达人。

◆ 不同的场合选择合适的表达方式

经常听到这样的抱怨：晚辈怪长辈偏心；下属怪上司只关照心腹；业务员怪老板只看重主管……我们总是一味地认定是对方不能一碗水端平，似乎很少有人会检讨一下，为什么别人说话会讨人喜欢，自己却不能成功做到如此。或许就是因为他们拥有别人所没有的优势，善于挖掘他人心理，在怎样说会让对方心里受用方面下功夫，才会得到不一样的对待吧。

与领导交流，最重要的是注意场合，注重分寸。无论与领导的关系如何，在某些场合，都要保持一定的尊重和礼貌，语言、行为不能越界，不能信口开河、口无遮拦。

愤愤不平地嚷嚷是大可不必的，不仅会让自己带着情绪，同时也会让自己的良好形象打折扣，在领导心里留下不良印象。与其让不平衡的心态跟着自己走一生，还不如尝试改变一下，改变自己的说话方式，改变自己说话不假思索的态度，多从他人的心理角度入手说话，也许就能像别人一样找着春天。

腰杆子一向颇直的刘罗锅在皇上面前也是有一套的，虽然他做事有原则，可是和皇上沟通起来也机灵得很，每每都把话说到乾隆皇帝心坎里，让乾隆皇帝不宠爱他都不行。

有一回宰相刘墉陪乾隆皇帝聊天，乾隆很感慨地说："唉！时间过得真快，就快成了老人家喽！"刘墉看着皇帝一脸的感伤，于是说："皇上您还年轻哩！"

"我今年45岁，属马的，不年轻啦！"乾隆摇摇头，接着看了一眼刘墉，"你今年多大岁数了？"

刘墉毕恭毕敬地回答："回皇上，为臣今年45岁，是属驴的。"

乾隆听了觉得很奇怪，于是就问："我45岁属马，你45岁怎么会属驴呢？"

"回皇上，皇上属了马，为臣怎敢也属马呢？只好属驴喽！"刘墉似笑非笑地回答。

"好个伶牙俐齿的刘罗锅！"皇上抚掌大笑，一脸的阴霾尽散。

一个善于在领导面前说顺耳话的人，一定能领会领导心意，表现得机灵乖巧。能了解领导在想什么，需要什么，什么事情便都逃不过他的眼睛。

这是一种天赋，有些人天生就比较敏感，能很轻易地看出别人的情绪反应。拥有这种知己知彼的能力，做起事情来就容易百战百胜，也很容易得到领导的重视与提拔。这是一种沟通上的优势，有了这个优势，沟通时就轻松多了。

这个优势后天也可以培养，可以通过观察、洞察对方心理，知道对方的想法，针对别人的反应，妥善安排自己的进退应对。依照对方的反应，适时给予鼓励赞美，把话说在适当时机，刚好说到对方的心坎上。发现对方不悦，及时刹车，避免沟通恶化，见风转舵随机应变，事情就不会搞砸。

虽说在领导面前说顺耳话是一种天赋，但其实也是可以学习的：和领导说话的时候要慢半拍，仔细看对方的表情，因为很多时候对方的表情就是其内心情绪的最直接表现，然后自己再开口，同时也应当有意识地判断自己接下来所说的话会引起什么反应。

传递坏消息时说："我们似乎碰到一些状况……"当我们刚刚得知一件非常重要的工作出了问题，此时千万不能以不带情绪起伏的声调从容不迫地说出来，也不能慌慌张张地使用"问题"或"麻烦"等字眼，而是要让上司觉得事情并非无法解决，这样的语调才合适。

上司传唤时说："我马上处理。"冷静、迅速地做出这样的回答，会令上司认为我们是有效率、听话的好部属。

需要表现团队精神时说："莎拉的主意真不错！"莎拉想出了一个连上司都赞赏的绝妙点子，趁着上司听到的时刻说出这句话，做一个不忌妒同事的部属，会让上司从内心深处觉得你本性善良、富有团队精神，因而对你会另眼看待。

闪避你不知道的事时说："让我再认真地想一想，三点以前给你答复好吗？"当上司问了某个与业务有关的问题，而我们不知该如何作答时，千万不可以说"不知道"，可利用本句型暂时解危，不过事后可得做足功课，按时给出答复。

◆ 说话要掌握时机

人在情绪不佳、心有忧惧等低落状态下，较之平常更容易产生悲观失望的心理，也就随之会出现思维迟钝、惰于思考的现象，进而会产生大的情绪波动并引发过激行为。

人多有着复杂的生理和心理特征，思维特征也常常受到某一特定心理状态的影响。因此，在人与人之间的交流中，我们一定要注意对方的情绪变化，趋利避害，从而占据某种心理方面的优势和主动，防止受到不必要的伤害。

在领导面前说事尤其要注意，一定不要在领导情绪不佳时进言；相反，在领导心绪高涨、比较兴奋时说事则会取得更好的效果。向领导汇报，一定要注意时机和场合，以便使领导更用心地领会我们的意见，不至于反感。

某单位刚购置了一批计算机及相关设备，并准备修建一个机房。但在机房安置空调机一事上，领导却不肯批准，认为单位的同志们都在没有空调的情况下办公，不宜单独对机房破例。虽然有关同志据理力争，说明安装空调是出于对机器保养的目的而非个人享受的需要，但仍不能改变领导的想法。

有一次，单位的领导与同志们一起出去参观。在一个文物展览会上，领导发现一些文物被毁坏和有了破损，就询问解说员。解说员解释说，这是由于文物保护部门缺乏足够的经费，不能够使文物保存在一种恒温状态下所致，如果有一定的制冷设备，这些文物可能会保存得更加完善。领导听后，不禁有些感慨。此时，站在一旁的机房负责人老王趁机对领导低语："刘局长，机房里装空调也是这个道理呀！"刘局长看了他一眼，沉思片刻，然后说："回去再打个报告上来。"后来，这位领导果真批准了他们的要求，为机房装上了空调。

正是由于老王能够不失时机地将眼前的景象同自己所要提出的建议联系起来，使领导内心产生由此及彼的类比和联想，从而很好地启发了他的思路，使他能够接受老王的意见，使问题得以解决。在适当的场合中寥寥数语竟胜过郑重其事的据理力争，这是不能不引起我们深思的，更是值得我们加以借鉴的。

◆ 敏感话题请绕行

职场是一个看似简单却又有很多禁忌的区域，在职场中我们应该多用些心思，特别是说话的时候更要字斟句酌，有些话是不适合在办公室这种场合谈论的，千万不要谈及。这主要是因为谈论不恰当的话题会让领导及同事对我们的工作水平、个人品质的认识造成偏差，引起对方内心不必要的不良感觉。同时也很可能由于个人的疏忽，因一句错话而造成一些人内心的不悦与反感，惹出一些不必要的麻烦来。所以，我们在职场中的言语交谈一定要谨慎入微，以下几个方面的问题，是在职场中应当有所避讳的。

1. 私人感情问题

办公室谈话一定要牢记这句话：闲谈不论他人是非。每个人都有自己的隐私，有除了工作以外的生活圈，很多时候在他人的内心意识里并不想让我们知道，也不想我们打扰他们除了工作以外的生活。工作就是工作，其他的事我们管不着，也不应该去管。管得太多，想知道的太多，势必会引起他人反感。

我们不先开口探听他人的私事，别人也不会轻易打听我们的秘密。同时，也别聊公司里的是是非非。言多必失，公司是一个与个人利益息息相关的复杂的利益网，很可能因一句无心之言就触犯了某个同事的利益，让对方深觉不适甚至恼火，接下来就会引发一系列消极的反应。这岂不是引火烧身、滋生事端，让自己很被动？

总之，职场是变幻莫测、错综复杂的场所，对于个人的感情问题，最好不要轻易让职场中的人知道，这样才是很明智的做法，这也是处于竞争压力下的一种非常有效的自我保护措施。

2. 家庭财产背景问题

坦率也是需要区分人和事的，不计后果的坦率是不恰当的。什么话应该说，什么话又不该讲，自己心里一定要有个谱。即使你新买了一辆高级跑车或者利用假期到欧洲旅游了，又或者你的家人是谁谁谁，你们家亲戚又如何，这些都没有必要在办公室里炫耀。

办公室同事间内心渴望的更多的是平等与尊重，被别人妒忌的滋味并不好受，并不是所有的快乐分享的圈子都是越大越好的。过度炫耀只会引发别人的妒忌心，引起反感，而且还容易招人暗算。不管是露富或是哭穷，在办公室这个特殊的环境里看起来都是非常造作的。富也好，穷也罢，都是和他人不相关的事，又何必招人厌烦，还不如知趣一些，不该说的话千万不能说。

3. 谈自己的人生理想

真正能够干大事业的人，都是埋头做事的人。在办公室中大谈自己的人生理想是非常滑稽可笑的。而且打工就要安心做个打工的人，回到家以后再跟自己的家人和朋友谈论你的雄心壮志会比较合适。如果你在公司里面整天念叨"我要做老板，我要自己创业"的话，那么老板很容易就把你当成他的敌人，同事也会觉得你"自恃清高"，视你为异己。既然你有能力创业，又何必在此。同时这也是抬高自己、贬低他人的一种做法，公开进取心，就相当于向公司里的其他同事公开挑战，这样领导还有同事的心里又岂会受用。同时，"在这个公司里我的水平至少可以做个主管"或是"40岁的时候我一定会做到部门经理"这类话也不能说，这就等同于把自己置于同事的对立面上了，给他人造成高人一等的压迫感，让对方内心感到极度不适。

做人需要低姿态，这也是自我保护的一种好办法。一个人的价值体现在他做了多少事情上，该表现的时候一定要表现，相反，在不该出头的时候就应该韬光养晦。

4.同事之间千万不谈工资问题

如今，"同工不同酬"已成为老板们惯用的一种奖励及惩罚的办法了。它如同一把双刃剑，掌握不好的话，很容易把员工之间的内部矛盾冲突引发出来，并且它的枪口最终会掉转方向，将直接指向老板，这当然不是老板们所希望看到的。试想如果大肆谈论工资问题，不仅会引起同事之间的心理不平衡，也会给老板造成不好的印象，引起老板反感。多数公司都不喜欢员工之间互相打听对方的工资状况，即使彼此之间是同事关系，但工资通常是有很大差别的，因此老板在发薪水的时候一般会与某个员工进行单线联系，不公开工资数额，并嘱咐不能告诉其他人。

我们一定不要成为这样的人，假如遇见这类同事，最好的办法就是提前做好应对的心理准备。一旦他的话题往工资问题上扯的时候，必须立即打断他，告诉他公司有规定不许谈论薪水。要是他的语速很快，来不及打断他就把话说完了，可以运用外交辞令来个冷处理："抱歉！我不想讨论这个问题。"如此一来，肯定就不会有下次了。

总之，要想在职场中生存，必须要照顾到他人的心理，管好自己的嘴。这是职场心理操控的要点，也是做人做事的法则。不该谈论的话题、会引起他人内心不适的话最好不要说，以免引起与他人不必要的争端与是非，给自己造成不良的影响，给自己的职场道路设置障碍。

◆ 与领导说话要掌握分寸

领导在看待和处理问题时，出于种种原因，有时也会有不明之举，导致工作的失误或者因小失大危及全局。寥寥数语，就可能使领导将你视为忠臣、知己，在内心的功劳簿上为你记上一笔。

但规劝上司，也要讲究一定的原则，让他从内心意识到"自相矛盾"，不失为一种行之有效的方法。既能让领导改变初衷，又能让他明白我们的忠心，让他觉得我们凡事为他着想，同时也会让领导对我们大加赏识，对我们产生信赖。

有一次，局里召集各科室的负责人开会，准备安排下一阶段的工作任务。

在会议开始的汇报工作中，有一位科长工作责任心不强，几项交办的工作没做好，还捅了娄子，结果局长发了不小的脾气，使会议气氛十分紧张。

秘书小王目睹此景，便建议休会，先休息十分钟。在休息的间歇，秘书小王递了一个纸条给局长，上面写着："刘局长，会前你曾说过，这个会议的主要议题是布置工作，动员干部，刚才的会议气氛有点儿紧张，不利于这次会议的顺利进行。有些问题似应专门开会或会后再解决。"

复会后，小王发现刘局长已恢复了正常，并把会议引导到了正常的议程上。最后会议圆满地结束了。

会后，当只剩下两个人的时候，刘局长笑着拍了拍小王的肩膀说："小王啊，多谢你的'清凉剂'呀！"

以后，小王与刘局长结下了非常好的工作友谊，小王也越来越受局长的赏识了。

自然，"自相矛盾"的劝说术有很强的说服力，但它也是"双刃剑"，用不好也会伤及自身。因此，作为下属在对领导进行规劝时一定要注意以下几点：

1. 要注意语气适当，措辞委婉

"自相矛盾"法就是要提醒领导注意自己言行的不一致性，或者是对其论点做出某种程度的否定，这无疑会涉及领导的尊严与权威，尺度掌握不准，搞不好就会有嘲讽、犯上之嫌，让领导误以为你心怀不满，另有所指。所以下属一定要注意使自己的口气比较和缓，显示自己内心的诚恳和尊敬之情。特别是要使领导明确地认识到，我们的所作所为都是出于做好工作的动机，是真正为领导设身处地地着想，而不是对领导者本人有何不敬的看法。

2. 尽量言辞简短

"言多必失"，下属在劝谏时，只要指明大意就足矣，其中的推理不妨由领导自己来做，越是语言简短，越是语意含蓄，就越能引起领导深思，又不至于引起领导猜忌。

而且，言辞简短不至于使自己引用的领导的话淹没在解释论证的海洋中，要知道，正是这些引用极大地满足了领导的成就感，当领导清楚地了解到，一句他本人也不曾在意的话却被下属郑重地记在心上，或者他十分重要的观点的确受到了下属的重视，他一定会增加对我们的好感，多几分欣赏和认同，少几分敌意和对立，从而能够仔细地倾听我们的建议，对我们的相反看法郑重对待。因此，言简意赅，不失为引起领导重视和好感的一个好办法。

3. 要注意场合

用领导自己的话来批驳他的某些观点，最好是在私下场合中使用，而不宜在公开场合或是有他人在一旁的情况下使用。在私下里，即使你对领导有所冒犯，但如果言之有理，领导也会比较宽容。而在公开场合，这就会演化为领导的尊严和权威问题，他会为此而战，从而使情绪压过理智，面子高于道理，这对下属来说无疑是自找麻烦，"好心难得好报"。

◆ 以请教的方式提建议

职场中下属如果对领导提建议，不仅要考虑建议内容本身的合理性，还要注意自己提出建议的方式，是不是能让对方心里比较容易接受。所谓注意提建议的方式方法，就是要时刻注意领导的心理感受和变化轨迹，要求下属在提出建议的时候首先要获得领导的心理认同，其中以请教的方式提出建议被认为是一种更易让领导接受的职场说话策略。

请教，是一种低姿态。它的潜在含义是，尊重领导的权威。也意味着下属在提出意见之前，已仔细推敲了领导的方案和计划，是以认真、科学的态度来对待领导的思想的。下属的建议是在尊重领导的观点基础之上的，很可能是对自己观点的有益补充，这无疑会使领导感到情绪放松，从而减少对下属提建议的某种敌意。

同时，请教的姿态不仅仅是形式上的，更有内容上的意义。下属可以先聆听一下领导在自己所提问题方面的真实想法。这些想法很多时候可能是其内心最真实意志的体现，而且并未在公开场合予以说明过，同时也很有可能是下属在考虑问题时所忽略掉的重要方面。这

101

样，在未提出自己的意见之前，首先请教一下领导真实的想法，可以做到进退自如。一旦发现自己的想法还欠深入，考虑得不是很周到，应立刻止口，再把自己的建议完善一下。如果我们的建议仅仅是源于未能领会领导的真实意图，那么这些建议不仅仅是毫无意义、分文不值的，而且还暴露了自己的弱点，这对我们绝非是什么幸事。

同时，向领导请教有利于找出与领导的共同点，这种共同点既包括方案上的一致性，又包括心理上的相互接受程度。

"认同"不仅仅是人们内心相互理解的有效方法，也是说服他人的有效手段。当我们试图说服其他人时，越让自己等同于他的爱好与想法，就越具有说服力。一个优秀的推销员总是使自己的声调、音量、节奏与顾客相称。

有经验的说服者，他们常常要事先了解一些对方的情况，并善于利用这些已知情况作为"据点""立足点"，在与对方的接触中，首先求同，随着相同的东西增多，双方也会觉得越熟悉，也就越能达到心理上的亲近，从而消除疑虑和戒心，更易相信并接受你的观点和建议。

而下属在提出建议之前，先请教一下自己的领导，就是要寻找谈话的共同点，看彼此相容的心理基础。如果你提的是补充性建议，那就要首先从明确肯定领导的大框架开始，提出你的修正意见，做一些细节或者局部的改动和补充，以使领导的方案与观点更为完善，更有说服力，更能有效地执行。

即便你提出的是反对性意见，也是有共同点可循的。共同点不仅仅局限于方案本身，还在于培养共同的心理感受，使对方愿意接受。越是反对性意见，就越可能招致敌意，也就越需要寻找共同点来减少这种敌意，获得对方的心理认同。此时，虽然我们可能不赞成上司的观点，但一定要表示尊重，表明自己对它的理性的思考。应设身处地地从领导的立场出发来考虑问题，并以充分的事实材料和精当的理论分析作依据，在请教中谈自己的看法，在聆听中对它加以剖析，只要有理有据，领导一定会心悦诚服地放弃自己的立场，仔细倾听我们的建议和看法。在这种情况下，领导是很容易被说服，并且采纳我们的意见和建议的。

信任是人际沟通的"过滤器"。只有对方信任，才会完全理解我们说话的动机，否则，如果对方不信任，即使提出意见或建议的动机是好的，也会经过"不信任"的"过滤"作用而变成其他的东西，而这种东西往往是被扭曲了的，带有怀疑主义的色彩，这使得对方不可能很理智地分析我们的意见和建议，我们的每一句话都会与"不良"动机联系在一起。

> 请教会增强领导对下属的信任感。当我们用诚恳的态度进行沟通时，领导会逐渐消除诸如有意挑刺儿、对领导不尊重等猜忌，逐渐了解我们的动机，开始建立对我们的信任。

◆ 玩笑不能开过头

办公室是个无风还起三尺浪的地方，最简单的玩笑都有可能成为对他人的中伤。所以，开玩笑时一定要注意分寸。

同事之间，茶余饭后、工作之余开点玩笑，既可以活跃气氛，又可以放松彼此的神经，解除疲劳，还可以拉近同事之间的距离。

会开玩笑的人，能让人在一片欢笑中记住他的风采，并从内心深处对他产生亲近感。同时，在彼此之间出现意见分歧的时候，开个玩笑或许就可成为紧张局面的缓冲剂，使同事之间消除敌意，化干戈为玉帛。同时，开玩笑有时还可以用来委婉地拒绝同事的要求，或进行善意的批评。

但开玩笑要达到的目的在于"玩"，千万不要把玩笑开得过火。如果开玩笑的效果让他人觉得受到嘲弄，被"涮"了，那就过了，弄不好还会在彼此之间闹出矛盾来，那样就得不偿失了。据报道，西方国家每年的愚人节都会造成巨大的损失，甚至在愚人节这天因为开玩笑而造成许多民事案件、交通事故等。

近几年，中国人也过愚人节，人们也习惯在愚人节这天开开玩笑，涮涮别人，有的人还乐意被涮。但玩笑可要开得适当。曾有青年小蒋、小孙，他们在同一个单位上班，平时两人交往也不少。一年愚人节，小蒋故意装作气喘吁吁地跑到小孙的办公室，说："小孙，你妈在单位出事了！"小孙一听就着急了，赶紧往他妈妈的单位打电话，结果弄得那单位的人莫名其妙。小孙后来才知道这是愚人节的恶作剧，但他对小蒋咒他妈妈的这个玩笑非常不满，小蒋却以为一个玩笑没什么大不了的。两个人因此发生争执，竟反目成仇。

开玩笑要适度，像小蒋、小孙这样只会适得其反。同时，开玩笑的内容也要注意，要做到既能引人发笑，又不影响同事之间的团结。而且不能太庸俗，有些低级趣味的小笑话，会让同事觉得你这人太俗。有的人喜欢拿同事的一些笑柄来开玩笑，本来人家心里对此就特别忌讳，再拿来说笑，自然会闹出不愉快，切忌拿别人的缺点和生理缺陷开玩笑，这就更容易引发矛盾了。

开玩笑还要注意对象。有的人喜欢嘻嘻哈哈，经常和人开开玩笑，有的人却不苟言笑，比较喜欢严肃、安静，要区别对待，别"涮"出了事。

开玩笑，还要分场合、时间。同事正在工作，却不知忙闲地开玩笑，那就等着挨白眼吧。在严肃的会场，无所顾忌地开玩笑，就会遭领导批评，遭同事内心反感。

与同事相处，适当地开开同事的玩笑，可以起到融洽关系的作用，有时也不妨开开自己的玩笑。开自己的玩笑，很容易赢得朋友的真诚相待。开自己的玩笑，会平添几分彼此之间的亲近感，更容易与同事打成一片。

但在办公室里开玩笑的度必须把握好，以下几点要特别注意：

1. 不要开领导的玩笑

一定要记住这句话：领导永远是领导，不要期望在工作岗位上能和他成为真正的朋友。即便以前是同学或是好朋友，也不要自恃过去的交情与领导无所顾忌地开玩笑，特别是在有别人在场的情况下，更应格外注意。否则，口无遮拦地开玩笑势必会在领导内心留下不尊重对方、挑战对方权威的坏印象。

2. 不要以同事的缺点或不足开玩笑

金无足赤，人无完人。不要拿同事的缺点或不足开玩笑，千万别自作聪明地认为很熟悉对方，便去随意取笑对方的缺点，要知道这些玩笑话很容易让对方觉得是在冷嘲热讽，倘若对方又是个比较敏感的人，很容易会因一句无心的话而触怒他，以致毁了两个人之间的友谊，或使同事关系变得紧张。而且，这种玩笑话一说出去，是无法收回的，也无法郑重地解释，到那个时候，再后悔就来不及了。

3. 不要和异性同事开过分的玩笑

有时候，在办公室开个玩笑可以调节紧张的工作气氛，异性之间的玩笑亦能缩短彼此的距离。但切记异性之间开玩笑不可过分，尤其是不能在异性面前说黄色笑话，这会降低自己的人格，也会让对方认为自己思想不健康。

4. 莫板着脸开玩笑

幽默的最高境界，往往是幽默大师自己不笑，却能把他人逗得前仰后合。然而在生活中我们都不是幽默大师，很难做到这一点，那就不要板着面孔和人家开玩笑，免得引起他人不必要的误会，给他人留下不好的印象。

5. 不要总和同事开玩笑

开玩笑要掌握尺度，不要大大咧咧总是在开玩笑。这样时间久了，在同事面前就显得不够庄重，同事们就不会从内心深处尊重你。在领导内心，也会留下不够成熟、不够踏实的印象，领导也不再信任你，不能对你委以重任。这样做实在是得不偿失。

6. 不要以为捉弄人也是开玩笑

捉弄别人是对别人的不尊重，会让他人觉得你是恶意的，而且事后也很难解释。它绝不在开玩笑的范畴之内，是不可以随意乱做乱说的。轻者会伤及和同事之间的感情，重者会危及自己的饭碗。记住"群居守口"这句话吧，不要祸从口出，否则后悔晚矣。

玩笑，玩笑，笑了好玩。只要能把握好尺度，适当开开玩笑，会拉近与同事的距离，让同事之间的良好关系在欢声笑语中成长。

第7章 销售说话心理策略
客户的心思我来猜，不再对我说"不"

想要钓到鱼，就得像鱼儿一样思考，对鱼儿了解得越多，你就越容易钓到鱼，这在销售的过程中非常适用。换言之，"不要仅仅把自己当成一个销售员，更要把自己当成一个客户"，销售便不再是一无所获的旅程。

◆ 从客户的角度出发来交流

要想做一个好的推销员，就要从客户的角度出发来看问题，抓住客户的心理再说，不能只是自己滔滔不绝地在那里讲述自己的产品如何优良、功能如何强，客户与推销员之间本身就有很大的心理距离感，甚至一定程度上可以说是心理排斥。而一味地推销只会加重他人对产品或者计划的怀疑程度，同时会倍增反感，很快就会打断谈话，把你拒之门外。

> 销售是一个利益交换的过程。销售人员要学会站在客户的角度想问题，不要满脑子都是自己的利益。只有切实帮助客户实现他们的利益，销售成功率才会更高，所得的利益也会更多。

一定要记得给客户说话的机会，不仅要给他机会，同时还应当学会在给对方说话机会的同时，善于倾听对方的心里话，不要只想着自己的产品或者计划，而应当顺着他的话说，让他说痛快了，在你那里找到了认同感与价值感，他才会买你的账。

否则，原本可以达成的交易也会因碰壁而流失。对此，世界上著名的推销员乔·吉拉德就有过亲身的经历与心得。

　　有一次，乔·吉拉德接待了一位客户，花了近一个小时时间陪着客户选车、试车，终于强化了客户的购买愿望，让客户下定决心买车了，接下来，他要做的就是带着客户去办公室签合同。

　　当乔·吉拉德与客户向办公室走去时，那位客户提起了自己的儿子，他十分自豪地说："我儿子考进了普林斯顿大学，他将来会成为一名出色的医生。我想应该买车庆祝一下。"

　　乔·吉拉德这时正一心想着稍后签合同的事，所以只是随便地应了声："那真是太棒了。"

　　客户接着说道："乔，我儿子很聪明吧，当他还只有一两岁的时候，我就发现他跟其他孩子相比真的很不一样。"

　　乔·吉拉德漫不经心地点点头，随口问道："他成绩很好吧？"

　　客户兴奋地回答道："那当然，他是学校里成绩最好的。"

　　乔·吉拉德想都没想，心不在焉地接了一句："那他毕业后打算做什么呀？"

　　客户很不满地看了乔·吉拉德一眼，感觉到对方刚才根本没有认真和自己说话，于是带着一些怒意回答道："我刚才告诉过你，他考上了大学，以后会成为一名医生！"

　　这位客户最后没有跟乔·吉拉德签约，他直接离开了，后来还从别人那里买了一款新车。乔·吉拉德苦思冥想，很是不解，于是给客户打了好几个电话，希望能知道自己错在哪里。后来，这位客户终于告诉了他答案："乔，你让我很失望，当我提到我的儿子时，你根本没有听我说话，对你来说，我的儿子考没考上大学、当不当得成医生根本不重要！"

"所以，我不想从你那里买车！"客户加重语气继续说道。

乔·吉拉德听后，顿有所悟，并意识到当客户说起自己儿子考上名校、将来有望成为医生时，这位客户不仅仅是想与自己分享这个好消息，更是在表达满心的欢喜与自豪。

而很明显，自己没有读懂客户的言外之意，既没有送上祝福，也没有给予只言片语的赞赏，让客户感到很扫兴而不快。这单生意当然落空了。

倘若他能及时送上自己的祝福，顺着客户的话把其关于儿子的话题继续下去，满足其炫耀自己的心理欲望的话，相信会是一次非常愉快而又令人满意的推销经历。

通过对失败的总结，乔·吉拉德不断成长，最后成为出色的沟通高手，曾连续12年荣登世界吉尼斯纪录大全世界销售第一的宝座，被世人称为"世界上最伟大的推销员"。

须知，顺着客户想说的话走，满足其想要炫耀的心理愿望，让客户满意了，他才会回过头来听我们说话，才会给我们可以成功的机会，只有让他说高兴了，才会有我们满意的结果。

同时，我们在顺着他的方式或者话题说话的时候，态度一定要认真、真诚，千万不能敷衍了事，敷衍的态度和盲目的讲话一样是致命的。如果我们给予对方恰如其分的回应，那么对方瞬间便会心生恰遇知音的痛快淋漓感，会主动地拉近双方之间的心理距离，交谈气氛会更亲近、更融洽，也就能轻松达成一致的协议。

◆ 把最受用的话以"不经意"的方式说出来

一句人情话能让听者笑逐颜开不是一件容易的事，这需要把握两个要点：一是说之前要观察准确，确保做到投其所好；二是这经过精心准备的人情话要以"不经意"的方式"随口"说出来，对方才不会产生被刻意讨好的不快。

想要把销售做成功，就要学会从客户的角度出发，避免千篇一律的语言堆砌，而是用心观察，把对方最想听的话、最受用的话以最自然的方式娓娓道来，就算没有提跟销售有关的半个字，只要把话说到了客户的心坎里，相信一定会有不错的结果。

美国著名的柯达公司创始人伊士曼，捐出巨款在罗彻斯特建造了一座音乐堂、一座纪念馆和一座戏院。为承接这批建筑物内的座椅订单，许多制造商展开了激烈的竞争。但是，找伊士曼谈生意的商人无不乘兴而来败兴而归，一无所获。

正是在这样的情况下，优美座位公司的经理亚当森，前来拜访伊士曼，希望能够得到这笔价值 9 万美元的生意。

伊士曼的秘书在引见亚当森之前就对他说："我知道您急于想得到这批订货，但我现在可以告诉您，如果您占用了伊士曼先生 5 分钟以上的时间，您就完了。他是一个很严厉的大忙人，所以您进去后要快快地讲。"

亚当森微笑着点头称是。

亚当森被引进伊士曼的办公室后，看见伊士曼正埋头于桌上的一堆文件中，于是静静地站在那里仔细地打量起这间办公室来。

过了一会儿，伊士曼抬起头来，发现了亚当森，便问道："先生有何见教？"

秘书把亚当森作了简单介绍后，便退了出去。这时，亚当森没有谈生意，而是说："伊士曼先生，在我们等您的时候，我仔细地观察了您这间办公室。我本人长期从事室内的木工装修，但从来没见过装修得这么精致的办公室。"

伊士曼回答说："哎呀！您提醒了我差不多已经忘记了的事情。这间办公室是我亲自设计的，当初刚建好的时候，我喜欢极了。但是后来一忙，一连几个星期我都没有机会仔细欣赏一下这个房间。"

亚当森走到墙边，用手在木板上一擦，说："我想这是英国橡木，是不是？意大利的橡木质地不是这样的。"

"是的，"伊士曼高兴得站起身来回答说："那是从英国进口的橡木，是我一位专门研究室内橡木的朋友专程去英国订的货。"

伊士曼心情极好，便带着亚当森仔细地参观起办公室来。

他把办公室内所有的装饰一件件向亚当森作了介绍，从木质谈到比例，又从比例谈到颜色，从手艺谈到价格，然后又详细介绍了他设计的经过。

此时，亚当森微笑着聆听，饶有兴致。

亚当森看到伊士曼谈兴正浓，便好奇地询问起他的经历。伊士曼就向他讲述了自己苦难的青少年时代的生活，母子俩如何在贫困中挣扎的情景，自己发明柯达相机的经过，以及自己为社会所做的巨额的捐赠……

亚当森由衷地赞扬他的功德心。

本来秘书提醒过亚当森，谈话不要超过5分钟。结果，亚当森和伊士曼谈了一个小时，又一个小时，一直谈到中午。

最后伊士曼对亚当森说："上次我在日本买了几张椅子，打算由我自己把它们重新漆好。您有兴趣看看我的油漆表演吗？好了，到我家里和我一起吃午饭，再看看我的手艺。"午饭以后，伊士曼便动手把椅子一一漆好，并深感自豪。直到亚当森告别的时候，两人都未谈及生意。最后，亚当森不但得到了大批的订单，而且和伊士曼结下了终生的友谊。

为什么伊士曼把这笔大生意给了亚当森而没给别人？如果他一进

办公室就谈生意，十有八九要被赶出来。

亚当森成功的诀窍，就在于他了解他要进行销售的对象。他从伊士曼的办公室入手，以几句人情话巧妙地赞扬了伊士曼的成就，可谓是切中了要害，这使伊士曼的虚荣心得到了极大的满足，从内心把他视为知己。这笔生意当然非亚当森莫属了。

做销售就理当如此，不能一开始便滔滔不绝地大谈产品，谈功效，谈得越多越具体，就越糟糕。不照顾客户的心理，只是一味地向客户倾倒自己的想法，机械地背诵，只会遭人反感。

◆ 让对方的拒绝变为接受

在推销的过程中，如果能让客户从内心不由自主地持续说"是"，那么我们的推销很可能就会成功，这也就是说如果能找到让客户说"是"的话题，那么就可以大大提高成交概率。

其实，这种方法一直是推销高手的成交绝技。

假设在推销产品前，先问客户5个问题，而得到5个肯定的答案，那么接下来的整个销售过程都会变得比较顺畅，当与客户谈及产品时，客户不断地点头或说"是"的时候，成交机遇就来了。每当我们提一个问题而客户回答"是"的时候，就增强了来自客户心理上的认可度，而每当我们得到一个"不是"或者任何否定答案时，就降低了客户内心对我们的认可度。

在推销过程中，平庸的推销员经常被一些突如其来的问题弄得目瞪口呆，败下阵来，有的甚至一上场就被客户拒绝。其实，只要牢记推销目的，从客户的角度出发，摸准客户的心理，选择能让客户说"是"的话题，就能预先堵住可能造成麻烦的漏洞，创造一种安全的推销气氛，主导整个沟通过程，那么推销就有可能取得成功。

让我们来看看推销员最怕、最头疼的三句话。

辛辛苦苦地谈完了，好不容易在情理上说服了对方，却突然听到对方说一句："不错不错，我要跟太太再商量商量！"

不断地转换角度想促成交易，对方仍淡淡地说："对不起，我还要考虑考虑！"

历尽艰辛成交了，墨迹还没有干，客户突然说："我的想法变了，我要求解约！"

优秀的推销员却可以让这些话通通消失，秘诀就是尽量避免谈论让对方说"不"的问题。而在谈话之初，就要让他说出"是"。

很显然，对方的答复是"不"。而一旦客户说出"不"后，要使他从内心真正将认识改为"是"就很困难了。因此，在拜访客户之前，首先就要准备好让对方说

> 销售人员应把消极或中立的客户变得积极起来，并诱发他们的欲望，让他们愿意去试着了解该行业其他人已经在用的商品。这样一来，销售人员不仅可轻易地在客户心中建立起可信度，还可以避免盲目地进入客户的心理阵地。

出"是"的话题。

如果对方真的要拒绝，那不仅仅是口头上的一声"不"，同时他心理上也会进入拒绝的状态。然而，一句"是"却会使整个情况为之改观。所以，优秀的推销员明白，比"如何使对方的拒绝变为接受"更为重要的是：如何不使对方内心拒绝。

优秀的推销员一开始同客户会面，就会留意向客户做些对商品的肯定暗示。在交易一开始时，利用这个方法给客户一些暗示，客户的态度就会变得积极起来。进入交易过程，客户虽对优秀的推销员的暗示仍有印象，但已不认真留意了。当优秀的推销员稍后再试探客户的购买意愿时，他内心可能会再度想起那个暗示，而且还会在一定的心理作用下认为这是自己思考得来的。

客户经过商谈过程中长时间的讨价还价，办理成交又要经过一些琐碎的手续，所有这些都会使得客户在不知不觉中将优秀的推销员预留给他的心理暗示，当作自己所独创的想法，而忽略了它是来自于推销员的巧妙暗示。因此，客户的情绪受到鼓励，一定会更热情地进行商谈，直到与推销员成交。

"我还要考虑一下！"这个借口也是可以避免的。一开始商谈，就立即提醒对方应当机立断就行了。具体方法很多，请看一看下面这个例子。

"以你目前的成就，我想，也是经历过不少风浪的吧！要是在某一个关节稍微一疏忽，就可能没有今天的你了，是不是？"不论是谁，只要他或她有一丁点成绩，都不会否定上面的话。等对方同意甚至大发感慨后，你就接着说：

"我听很多成功人士说，有时候，事态逼得你根本没有时间仔细推敲，只能凭经验、直觉而一锤定音。当然，一开始也会犯些错误，但慢慢地判断时间越来越短，决策也越来越准确，这就显示出深厚的功力了。犹豫不决是最要不得的，很可能坏大事呢。是吧？"

即使对方并不是一个内心果断的人，他心里也不会希望别人说自己犹豫不决，所以对上述说法点头者多，摇头者少。那么，下面你就可以继续进行说服工作了。

"我也最反感那种优柔寡断、成不了大器的人。能够和你这样有决断力的人交谈，真是一件愉快的事情。"这样，便不会听到"我还要考虑考虑"之类的话。

其实，任何一种借口、理由，都有办法事先堵住，只要我们开始交谈前就站在客户的角度，照顾到客户的心理，预先设定好让客户说"是"的问题，并勇敢地说出来，那么一切便不再是问题。也许，一开始运用得不纯熟，会碰上一些小小的挫折。不过不要紧，总结经验教训后，完全可以充满信心地事先消除种种障碍，直奔成交，并巩固签约成果。

◆ 打动人心的说话技巧

出于人的本能的自我保护意识，对他人总会多多少少心存一点心理戒备，尤其是对那些初次见面或者首度共事的人，更会谨慎一些、提防一些，以免将自己的真实心理与想法口无遮拦地和盘托出，给自己惹来麻烦。

正是因为人们普遍存在这样的心理，以及较强的自我保护意识，在言语交谈及一些其他活动中，人们总会隐藏自己内心的真实想法，就好比深藏于茧中的毛毛虫，只有一步步抽丝剥茧，一步步启发引导，以真诚之意，才能一点点打动人心，探寻到对方的真实想法，让谈话的结果按照我们的既定方向来走。

小洋是一位保险业务员，今天要去拜访客户王先生，虽说之前已有所接触，但客户总是说"不需要""没必要"，对投保这事一直没多大兴趣。

这次一见面，也和以往两次一样，王先生给小洋递了一杯水，说道："小洋，实话跟你说吧，每个月到我这个办公室向我推销保险的至少有七八个。我也不迂腐，可能保险确实是有用的，但是，你看看，我现在才三十出头，健健康康的，等过几年我奔四十了，那时候再买保险也不迟呀，现在买就是浪费钱。"

小洋看客户一开口就堵住了自己，他思量了一番，端起手中的那杯水，向客户说道："王先生，您还别说，以前我有很多客户都这么和我说过呢。我想问您一个问题，您看，就我手里这杯水，我现在五块钱卖给您，您会买吗？"

王先生笑了起来，带着不解摇头答道："五块钱？一块钱我也不会买的！"

小洋又问："假如您两天没有喝水了，我拿着这杯水，五十块钱卖给您，您会不会要呢？"

王先生犹豫了一阵，还是摇摇头。

小洋接着道："那么，假如您在沙漠里迷了路，一个人走了很久也没找到一滴水，这时，我拿着这杯水到您面前，而我要把这杯水一千块钱卖给您，您会不会买下来？"

王先生若有所思，他认真地回答："要真是那样，这杯水我肯定是要买的。小洋啊，你是想说，保险其实是个居安思危的东西，虽然现在不需要，但以后需要时可能就有点晚了，对吧？"

小洋微笑着，真诚地说道："王先生，您不愧是商场里打拼出来的，见微知著，让人不能不佩服。确实，就像您说的那样，保险就像这杯水，您现在不需要它，但以后会需要，只是到您真正需要它的时候，就算花几倍甚至几十倍几百倍的代价恐怕也很难为自己、为家人买到周全的保障。"

王先生沉思了一会儿，缓缓地点点头，然后主动拿过小洋带来的保险建议书翻看了起来。最后，王先生按照小洋的建议投了保。

小洋以一杯水作为切入点，成功地运用了类比，把出于不同情景中的一杯水的价值与作用和投保进行类比，层层深入，步步引导，最终破开了客户在内心罩在自己身上的一层厚厚的"茧"，打消了客户的顾虑与怀疑，让客户自己领悟，并主动表达了投保的意向。

当一个人不想表露自己的心思，对我们有所顾忌或者怀疑时，我们不应当过于紧张地追问、逼迫、强硬说服。越是如此，越会造成反面效果，一旦逼急了，还可能会翻脸、大动肝火。相反，如果我们能换一种方式，多采用一些真心诚意、耐心地去类比启发的方法，反倒很容易就获得对方的认同，从而成功实现交易。

◆ 该让步时就让步

适当做出让步常常胜过"寸土必争"，甚至还可以达到意想不到的好效果，这适用于很多方面，在推销的过程中，当然更是作用重大。以退为进，不仅能缓和因分歧而造成的彼此之间的不和谐气氛，消除对方心里的怒气与火气，让话题进行下去，同时，必要的时候让步，给自己留有余地，顾及了客户的心理，很容易获得客户的认同与好感。

　　某电器公司推销员小王，准备在老客户那儿再推销一批新型发动机。谁知，刚到一家公司，该公司的总工程师劈头就是一句："还想让我们买你的发动机？"一了解，原来他们购买的发动机温度过高。小王不知道详情，就退一步说："先生，我的意见和你相同，如果发动机温度超标，别说买，还应该退货。""当然。"总工程师的语气缓和多了。小王乘机问道："按标准，发动机的温度应该比室内温度高出70℃，是吗？"总工程师答道："但你们的产品已经超过这个温度。"推销员小王反问道："车间温度是多少？"当听说是30℃时，推销员转退为攻："好极了！车间是30℃，加上发动机高出的70℃，应该是100℃左右，如果用手触摸会烫伤啊！"总工程师点头称是。小王立即补上一句："今后可不要用手去摸发动机了，放心，那是完全正常的。"结果小王又做成了第二笔生意。

　　小王在顾客情绪激动时，并没有立即反驳对方，而是照顾到对方的情绪与心理，先安抚顾客，等对方情绪缓和、态度稍好之后，才一步一步引导对方，最终得出了有利于自己的结论，说服对方并取得了推销的成功。

　　当我们留意人在上台阶的姿势时就会发现：当登上台阶时，要首先抬高腿，然后再放低腿落步。这种近于本能的习惯，应用在办事的过程就成了一个很巧妙的退让方法。具体来说是用适度的退让去达到理想的结果。

在市场上，货主往往把商品标价抬高，这样他可以慢慢地让到正常价位。如此一来，买的人也觉得占了不少的便宜，很容易掏钱来买。这种讨价还价的做法，不管自己真的让步与否，也会让他人从内心真正感到确实是在让步。

以退为进的心理诱导法，在推销中非常奏效。从买主的立场出发考虑问题，当买主对推销的产品提出批评意见时，要以退为进，可以先装作暂时忘记自己的推销使命，同意对方的观点，站在对方那一边说话。这样势必会在对方心里留下自己让步的印象，在对方心里奠定自己积极的形象与态度。假若推销的是电风扇，顾客对这种产品挑剔很多，并声称不买电风扇也可以。这时候可顺着对方的意思说话，"确实，花那么多钱买到一件不如意的东西真不划算！"这种话一出来，对方的感觉就好像正在使劲推一扇门，门突然不见了，自己有劲也使不上。这样一来，他的反对意见反而显得不重要了，即使他内心还有什么不满意的话也觉得没有必要再说出口了。接下去，便可以乘势转变口吻，以富有同情心的语调真诚地为对方设想："今年夏天虽然不太热，但电风扇还是用得着的。""如果不在乎价钱的话，可以买好一点的。"在这样的交谈中，对方无形中就会在心里把我们当作帮助他拿主意的人来看待，对推销员本能的戒心也消失了。在这种情况下，买主很容易在推销员的暗示之下，做出购买电风扇的决定。

按照常理来看，推销员要推销自己的货物，必定要极力吹嘘，难免有水分，时间长了，人们对推销货物者普遍形成了一种偏见，从心里认为他们说的话没有真的。广泛宣传的产品收效甚微，其道理也就在这里。而当推销员以知心朋友的身份出现时，顾客就会从内心深处被其真诚所感动，从而被说服。

◆ 善于把握时机促成交易

一名机敏的推销员善于选择并能准确抓住成交时机，即使看起来这项推销说明已然结束，但他仍能提出一项有力的理由，使他的公司拿下订单。

抓住成交机会，适时促成交易，这就要求推销员在捕捉客户内心成交信号的时候主动出击，有针对性地说服顾客，促成交易。这里一方面存在着"机不可失，时不再来"的机会观点，但更重要的还在于对"适时"的要求，即把握住来自客户内心的最合适的成交时机。

正如著名经营大师杰克·韦尔奇说过的一句经典的话："不分时机的销售都是死路一条。"推销员与顾客的交谈，每次都存在高潮和低潮，但并不是每个高潮都是成交的最佳时机，即使在顾客内心的成交信号发出以后，也应该选择最有利于成交的洽谈高潮，提出成交要求。如果推销员错过了某个交易时机，应该当机立断，耐心等待下一个机会，千万不可急于求成，误解当机立断的含义，欲速则不达。

成交技巧因人而异，常用方式如下。

1.用赞美的语言鼓励成交

几乎每个人都喜欢赞美，抓住这一人类的心理特性，是促进成交的基本技巧之一。例如，"你的公司效益真好，如果用上我们的产品，我相信效益会更好。""贵公司生产的文明程度很值得众多厂家效仿，我想，我们的产品会使贵公司更具现代化气息。""您穿上这样的服装，会突出显示您的气质和体形美。"

2."是"的逼近法

用一连串顾客只能回答"是"的问题，促成顾客从内心下定决心购买。前文已经讲过，此处不再赘述，但一定要记得根据实际情况灵活运用。

3.利弊权衡分析法

通常来说，推销活动有高潮也有低潮。推销员应努力争取在高潮时用适当的语言促使顾客内心做出购买决定。切记不要在低潮时就急于求成地达成交易，否则，会适得其反。

当顾客内心已产生购买意图，但并没有下定决心，犹豫不决时，这时应拿出笔和纸，把现在购买的好处及现在不买的坏处一一列出，或通过语言分别表述，巧妙地突出现在就买的好处所在。

4.时过境迁法

提示顾客，不抓紧时机，就会失去很

好的机会和利益，好的机会是稍纵即逝的。例如，"我们有的顾客，几乎选择了我们所有的保险产品。""如果您准备下个月再决定投保，恐怕我们的优惠活动就取消了。""这款保险组合，由于金融政策改变，下个月要提价12%。"

同时，在推销的过程中，推销员应当扫除顾客抱有的阻碍成交的不良心理倾向。

不良心理一：推销员不能主动地向顾客提出成交要求

有些推销员害怕提出成交要求后，如果顾客拒绝将会破坏洽谈气氛，一些推销员甚至对提出成交要求感到不好意思。据调查，有70%的推销员未能适时提出成交要求。许多推销员推销失败的原因就在于他们没有开口请求顾客做出决定。美国的研究表明，推销员每达成

一次交易，至少要受到来自顾客的 6 次拒绝。推销员只有学会接受拒绝，才能最终与顾客达成交易。

不良心理二：推销员认为顾客会从心里主动提出成交要求

有许多推销员误以为顾客会主动提出成交要求，因而他们等待顾客先开口。这是一种错误的观点。一位推销员多次去一家公司推销，一天该公司采购部经理拿出一份早已签好字的合同，推销员愣住了，问顾客为什么过了这么长时间后才决定购买，顾客的回答竟是："今天是你第一次要求我投保。"

绝大多数顾客都在等待推销员首先提出成交要求。即使顾客内心有投保的意愿，如果推销员不主动提出成交要求，买卖也难以做成。所以在关键时间里，要把握时机，采取积极有效的措施，开口请求客户成交。

在顾客通过多种形式表露出自己内心的购买欲望时，推销员一定要善于抓住时机，给予适当的语言提示与引导，以此加快和坚定顾客的购买欲望和决心，才能成功实现销售。

第8章　谈判说话心理策略
字字中的，就是一番"攻心"计

　　谈判无时不在，无处不有，涉及生活的方方面面，它是一种借助语言的工具而进行的一场心理博弈战。谈判与论辩一样，既是口才的角逐，也是智力的较量。只有掌握其中的艺术，才能更好地实现谈判的目的。

◆ 寻找最佳的谈判方式

许多事情要想达到目的，就不能直来直去。真真假假、虚虚实实，反而更能吊对方的胃口，击垮他人的心理防线。这适用于很多场合，当然，在谈判的过程中更是堪称绝妙。

在谈判的过程中，气氛本身就很凝重，适当地制造一点假象，释放一下烟幕弹，就能轻易地给对方造成心理压力，形成紧迫气氛，这样才能让谈判按照我们的既定模式顺利而又有效地进行，进而达到我们的预期目的与理想效果。

曾经有三位日本人代表日本航空公司与美国的一家飞机制造公司进行谈判。日方作为买方，美方作为卖方。美国公司为了抓住这次商业机会，挑选了最精明干练的高级职员组成谈判小组。

谈判开始时，并没有像常规谈判那样双方交涉问题，而是美方开始了产品宣传攻势。他们在谈判室内张贴了许多挂图，还印制了许多宣传资料和图片。他们用了两个半小时，三台幻灯放映机，放映好莱坞式的公司介绍。他们这样做，一是要加强自己的谈判实力，另外则是想向三位日本代表作一次精妙绝伦的产品简报。在整个放映过程中，日方代表都静静地坐在那里，全神贯注地观看。

放映结束后，美方高级主管不无得意地站起，扭亮了电灯。此时，他的脸上挂着情不自禁的得意笑容，笑容里充满了期望和必胜的信念。他转身对三位显得有些迟钝和麻木的日方代表说："请问，你们的看法如何？"

不料一位日方代表礼貌地微笑着说："我们还不懂。"这句话大大伤害了他此时的自尊心。他的笑容随即消失，一股无名火似乎正往头顶上冒。他又问："你说你们还不懂，这是什么意思？哪一点你们还不懂？"

另一位日方代表还是有礼貌地微笑着回答："我们全部没弄懂。"美国的高级主管又压了压火气，再问对方："你们从什么时候开始不懂的？"第三位日方代表严肃而认真地回答："从关掉电灯，开始幻灯简报的时候起，我们就不懂了。"

这时，美国公司的主管感到了严重的挫败感。他灰心丧气地斜靠着墙，松开他价值昂贵的领带，显得心灰意冷，无可奈何。他对日方代表说："那么，那么，……那么你们希望我们做些什么呢？"三位日方代表异口同声地回答："你能够将简报重新来一次吗？"

美国公司精心设计安排的幻灯简报，满以为日商会赞叹不已，从而吊起他们花大价钱购买的胃口。可是正当美国公司为他们的谈判技巧和实力沾沾自喜的时候，日方代表的"愚笨"和"无知"使他们感到沮丧，而且日方代表还要求重新放映幻灯片，这种拖延时间的办法，又使他们的沮丧情绪不断膨胀。等到双方坐下来谈判的时候，美方代表已毫无激情，只想速战速决，尽早从不愉快中解脱出来。谈判结果自然是对日方有利的，三个日方高级职员正是凭着他们看似真诚的谎言为公司节约了一大笔资金。

那三位日本代表懂装不懂，以假乱真的心理战术真是绝妙。面对对手的充分准备，他们并没有慌乱，反而表现出内心的冷静镇定，在对手信心满满，期待成功的兴致点上，泼了一盆冷水，打击了对方的信心，并继续用以假乱真的语言来一步步击垮对手的心理防线，最终按自己的期望成功完成谈判。

在谈判场上，言语交谈至关重要，只言片语就能反馈很多信息。同时，谈判也是一场心理战，只有看准对方的弱点，摸准对手的心理，才能一语千金，给对手最有力的一击，逼对方妥协，成功制胜。

◆ 互惠也可以是一种新型谈判

双赢即双方获胜，让双方都能成为谈判中的胜利者，都能得到他们内心最想得到的东西。就如同两个小朋友在一起分苹果，大家都想得到大块的，由此引起争吵，甚至打架，苹果也很可能掉到地上摔坏了。只有把苹果分成同样大小的两块，才不会引起争执，双方都从内心感到高兴。

每个人的性格、爱好不尽相同，那么处理问题的方式也就存在很大差异，从长远的角度来看，商务谈判其实不存在单方面的纯粹胜利者。那种从心理上置对方利益于不顾的所谓"胜利者"，最终也无法获得来自任何人的信任与好感，将成为商场中的"弃儿"，双方获得胜利才是谈判中的最高境界。

谈判是为了协调双方利益的分歧或冲突而进行的磋商、解决和协议的过程。一场真正意义上的成功的谈判，应该让每一方都是胜利者，也就是应当秉着互惠的原则。

以激烈的竞争方式进行的谈判，似乎都以单方面的彻底胜利而告终。所谓的赢家攫取一切，称心如意，而输家则一败涂地，丢尽脸面。然而，这样的"了结"很难说是就此了结。除非达成的条件在某些方面对"输家"有利，这个"输家"很快就会设法改变这种结局。与棋赛不同，现实的谈判活动没有"终局"。

近年来谈判者一般都采用互惠的谈判模式取代了传统的谈判模式。不再单纯地视对手为敌人，而是视对手为问题的解决者，谈判的目标也不是单纯获得谈判的胜利，而是在顾及效率和人际关系之下达成彼此内心需要的满足。而且，不再单纯把自身受益作为达成协议的条件，而是更多地探寻共同利益。互惠的谈判模式将取得你赢我也赢的结果，使谈判双方都能成为胜利者。

人是有感情的，人也是有需要的。当人的内心需要得到满足时，人就会感到快乐；当内心需要得不到满足时，人就会感到痛苦。要想掌控人的行为，就必须从他人的内心需要出发，了解某种行为要满足什么样的心理需要及个人选择这种行为的理由是什么。要想提高自己在谈判中双赢的谈判能力，就必须找出对方的内心需要，让对方相信，现在就可以满足他的利益需要。满足他的利益需要，然后才能在说服和谈判中取得成功，这是最重要的保证。

◆ 适时改变谈判策略

曾有人说："生活本身就是一系列无休止的谈判。"这不无道理。而商务谈判，是指谈判双方为实现某种商品或劳务的交易，对多种交易条件进行的协商。随着商品经济的发展，商品概念的外延也在扩大，它不仅包括一切劳动产品，还包括资金、技术、信息、服务等。因此，商务谈判是指一切商品形态的交易洽谈，如商品供求谈判、技术引进与转让谈判、投资谈判等。

在谈判准备过程中，要想制胜，谈判者要在对自身情况作全面分析的同时，设法全面了解谈判对手的情况，这包括很多方面，当然也包括对方的心理素质与状态。很多时候我们所面临的不只是实力与技术的较量，更多的是来自双方心理素质的较量。

自身分析主要是指进行项目的可行性研究。对对手情况的了解主要包括对手的实力（如资信情况），对手所在国（地区）的政策、法规、商务习俗、风土人情及对手的谈判人员心理素质与情绪状况等。目前中外合资项目中出现了许多合作误区与投资漏洞，乃至少数外商的欺诈行为，很大程度上是中方人员对谈判对手了解不够所导致的，甚至很多人都忽略了心理状态这一因素。

国际间的商务交往是国际关系的重要内容，是和平时期国际交往的主旋律。随着我国市场经济的推进和对外开放的进一步扩大，国际商务谈判已越来越频繁地出现在经济中。

尤其是我国加入 WTO 后，我国各企业和单位所面临的国际商务谈判越来越多。谈判是一种进行往返沟通的过程，其目的是为了就不同的内心要求或想法而达成某项联合协议。谈判又是一系列情势的集合体，它包括沟通、销售、市场、心理学、社会学、自信心及冲突的解决。

国际商务谈判常常是一场群体间的交锋，单凭谈判者个人的丰富知识和熟练技能，并不一定就能得到圆满的结果，所以要选择合适的人选组成谈判小组与对手谈判。谈判成员各自的知识结构要具有互补性，从而在解决各种专业问题时能驾轻就熟，这样有助于提高谈判效率，并在一定程度上减轻了主谈人员的压力。同时，合适的谈判小组的心理状态与素质也会给成功谈判

> 作为一个国际商务谈判者，应具备一种充满自信心、具有果断力、富于冒险精神的心理状态，只有这样才能在困难面前不低头、风险面前不回头，才能正视挫折与失败，拥抱成功与胜利。

带来极大的推动作用。

商务谈判中经常遇到的问题就是价格问题，这一般也是谈判利益冲突的焦点。准备工作的一个重要部分就是设定让步的限度。如果你是一个出口商，你要确定最低价，如果你是一个进口商，你要确定最高价。在谈判前，双方都要确定一个心理底线，超越这个心理底线，谈判将无法进行。这个底线的确定必须有一定的合理性和科学性，要建立在调查研究和实际情况的基础之上，如果出口商把目标确定得过高或进口商把价格确定得过低，都会使谈判中出现激烈冲突，最终导致谈判失败。

当你确定开价时，应该考虑对方的文化背景、市场条件和商业管理。在某些情况下，可以在开价后迅速做些让步，但很多时候这种作风会显得对建立良好的商业关系不够用心。所以开价必须慎重，而且要留有一个足够的选择余地。

每一次谈判都有其特点，要求有特定的策略和相应战术。在某些情况下首先让步的谈判者可能会被对手从心理上认为处于弱势地位，致使对方会对我们施加心理压力以得到更多的让步。然而另一种环境下，同样的举动可能被看作是一种要求回报的合作信号。在国际贸易中，采取合作的策略，可以使双方在交易中建立融洽的商业关系，使谈判成功，各方都能受益。但一个纯粹的合作关系也是不切实际的。当对方寻求最大利益时，会采取某些竞争策略。因此，在谈判中采取合作与竞争相结合的策略会促使谈判顺利结束。这就要求我们在谈判前应根据不同状况与情绪状态制订多种策略方案，以便随机应变。

　　所以，如果非要做出让步，需要事先计划好，要核算成本，并确定怎样让步和何时让步。重要的是在谈判之前要考虑几种可供选择的竞争策略，万一对方在心理上认为你的合作愿望是软弱的表示时，或者对方表现出不合情理、咄咄逼人的心理情绪状态时，这时改变谈判的策略，可以取得额外的收获。

◆　学会放低姿态

　　谈判的过程中，摊开自己的掌心，言语中主动向对方示弱，既是一种内心示诚的表示，也是一种智慧的体现。人有着本能的逆反心理，当对方的力量越是强大的时候，来自自己内心的反击与反抗也更为猛烈；而如果对方在自己面前示弱时，自己反而会消除戒备，从内心接纳对方，更愿意将自己真实的一面给对方看，也愿意给对方提供机会。暂时的示弱不代表真的认输，而是一种高明的策略，一种套取对方真话、使之主动走向我们期望的局面的好方法。

　　主动向谈判对方示弱，就像我们奇妙的身体语言一样，当我们掌心向上，双手做出往上抬的动作时，代表着接纳、诚恳、开诚布公与不设防，这个动作能淡化与我们交谈的人内心的戒备与抵触。而当我们交叉双臂或者环抱时，意味着拒绝、反对、防御或者是冷处理，这当然不利于双方的沟通。假若我们若无其事一般摊开了掌心，主动向

137

对方示弱的话，对方能够感受到我们的诚意与心意，相应地，他们也会慢慢地打开自己的心门，渐渐地信任我们，接受我们。

吴先生正在与一家公司洽谈一项广告业务，约好与对方开会做方案的说明与展示，客户公司非常重视这次合作，派出了一位副总还有好几位经理一起参加这次会议。他为了这次展示做了充分的准备工作，连开场白都是字斟句酌仔细推敲了好几遍的。但是，当他站到会议桌前的发言台上，面对客户公司派出的这几位中高层管理人员时，他突然觉得，无论是知识还是阅历，自己都远远赶不上在座的客户，如果按照自己原先设计好的开场白来做展示，恐怕是不会有比较好的结果的。

于是，吴先生面带微笑，大方坦诚地说道："王总，还有在座的各位经理，不怕几位笑话，我是第一次独立主持这样高级别的展示会，心里非常紧张，就在刚才会议开始之前，我还在背诵自己设计好的几页台词。"他稍稍停顿了一下，看到几位客户的脸上都露出了微笑，便接着说道，"但是现在看到几位，我突然不再紧张了。因为我知道，王总号称'鬼斧'，是业内最好的营销实战专家，成功打造过十几款畅销产品，而几位经理也都是历经十余年市场磨砺在业内难逢敌手的精英人物。无论我这次方案展示做得成功与否，我和我所代表的公司都能从几位身上学到宝贵的东西。因此，我现在可以抱着平常心来做这次展示，在展示过程中恳请各位专家随时指点我……"

这一次展示会相当成功，虽然吴先生拿出的方案并不太完善，但是几位客户都当场坦率地给出了改进意见与建议。经过一轮修改之后，方案顺利通过，吴先生与该公司顺利签下了广告合约。

吴先生之所以能从心里打动几位"重量级"客户，让对方接受自己的方案，对这个方案的缺点、做得不完美的地方，不但没有指责，反而真诚坦率地说出他们宝贵的意见与建议，很大程度上得益于吴先生的"示弱"法。主动示弱，放低姿态，潜心以客户为师，对方当然不会指责，相反，还会给他宝贵的指导意见和建议。

谈判过程中的主动示弱实在不愧是一种以退为进、以弱胜强的好战术，放低姿态，主动示弱，不仅能赢得对方的信任，同时还能抓取更多含金量高的信息，给自己提供更多的益处，成功促成谈判。

谈判过程本是一个硝烟弥漫的战场，而语言上的主动示弱在一定意义上是给这个温度过高的场合降了降温，让对方从心理上冷静放松下来。同时，主动示弱也代表着内心的真诚与信任，相应地也会博取对方的好感与信任，以友好坦诚的方式来对待我们。

◆ 以静制动，无声胜有声

沉默所表达的意义是丰富多彩的，它以言语形式上的最小值换来了最大意义的内心交流。沉默既可以是内心无言的赞许，也可以是内心无声的抗议；既可以是欣然默认，也可以是保留观点；既可以是来自内心的威严震慑，也可以是心虚的流露；既可以是此刻内心毫无主见、附和众议的表示，也可以是决心已定、不达目的绝不罢休的标志。

当然，在一定的语境中，沉默的语义是明确的，就像乐曲中的休止符一样，它不仅是内心声音的空白，更是内容的延伸与升华，是对有声语的补充。

有位著名的谈判专家，一次，他替邻居与保险公司交涉赔偿事宜。

理赔员先发表了意见："先生，我知道你是谈判专家，一向都是针对巨额款项谈判，恐怕我无法承受你的要价，我们公司若是只出100美元的赔偿金，你觉得如何？"

专家表情严肃地沉默着。根据以往经验，不论对方提出的条件如何，都应表示出不满意，此时，沉默就派上了用场。因为当对方提出第一个条件后，总是暗示着可以提出第二个、第三个……

理赔员果然沉不住气了："抱歉，请勿介意我刚才的提议，再加一些，200美元如何？"

良久的沉默后，谈判专家开腔了："抱歉，无法接受。"理赔员继续说："好吧，那么300美元如何？"

专家过了一会儿才说道："300美元？嗯……我不知道。"理赔员显得有点慌了，他说："好吧，400美元。"

又踌躇了好一阵子，谈判专家才缓缓说道："400美元？嗯。我不知道。""就赔500美元吧！"

就这样，谈判专家只是重复着他良久的沉默，重复着他的痛苦表情，重复着说不厌的那句缓慢的话。最后，这件理赔案终于在950美元的条件下达成协议，而邻居原本只希望要300美元！

谈判是一项双向的交涉活动，各方都在认真地捕捉对方的心理反应，以随时调整自己原先的方案。此时，一方若干脆不表明自己的态度，只用良久的沉默和"不知道"这些可以从多角度去理解的无声和有声的语言，就可以使对方摸不清自己的心理底线而做出有利于己方的承诺。这个谈判专家正是利用了这一心理特点，使得价钱不停地自动往上涨。

在谈判中运用沉默应当注意沉默的长度的掌握。沉默的长度能对听者产生相当大的影响，当行则行，当止则止，必须给予适当的控制。"没有一点声音，没有任何喝彩，只有那深沉的静寂。"这就是沉默的最佳传播效能。

> 在一定的语境中，沉默能迅速消除言语传递中的种种心理障碍，使听者的注意力集中，并得到无声的内心感染。谈判中，适时沉默，往往能收到千言万语所不能达到的效果。

如果沉默的时间掌握得不恰当，只要稍微放长了那么一点点，听者就会从这稍长的瞬间觉醒过来，在高潮到来以前做好了心理准备，那就平淡无奇了。如果不分场合故作高深而滥用沉默，其结果会事与愿违，只能给人以矫揉造作的感觉。

◆ 适当地兼顾对方的利益

美国著名谈判学家尼尔温伯格认为："一场成功的谈判，每一方都是胜者。"

"天下熙熙，皆为利来；天下攘攘，皆为利往。"拙劣的谈判者只会表现人类的本性心理，聪明的谈判者却善于利用人类的本性心理。懂得利用人类的本性心理，实际是在利用对方的心理切实利益作为诱饵，从而"含情脉脉"地达到自己的目的。尽管两者的目标相同，但是由于使用的方法不一样，最后的结果往往会大不相同。从谈判的实践看来，主动指出对方的切实利益所在，让对方知道这次谈判将给他带来的好处，会更有利于促进双方之间的成功合作。

有一家公司主要从事台灯生产，因为公司是新成立的，产品还没有形成品牌效应，价格上也不占优势，销路一直不太好。于是董事长亲自去各地进行推销，希望能与各个代理商达成合作，为他们的产品顺利打开销路，甚至可以全面占领市场。

董事长把各家代理商召集在一起，给他们推荐本公司的新产品，他告诉各位代理商："经过多年的研制与开发，我们公司终于完成了对这个新产品的投产试用。尽管现在它还不能称得上是一流的产品，但是我仍然要拜托大家，以第一流的产品价格到本公司来订购这款新产品。"

顿时，全场一片哗然："既然是二流的产品，有什么理由要求我们用一流的价格去购买？"

董事长接着说："我并没有搞错。我们都知道，在目前的台灯制造行业中，全国只有一家公司能够称得上是第一流的，并且他们已经从整体上把市场垄断了。这个时候，即使他们随意提高产品的价格，大家也得去买。假如有新产品出现在市场上，品质优良而价格也更便宜，对大家来说难道不是一件好事吗？要不然，大家还需要按照那家厂商开出的高价去购买然后再经销，如此一来，得到的利润就非常有限了。"

说到这里，各位经销商纷纷点头表示赞同。董事长继续道："泰森在拳坛可以说是纵横天下再无敌手，这样一来，由于缺少真正有实力的对手，观众很难再看到一场实力相当、扣人心弦的拳击比赛了。目前的台灯行业也是这种情况。这个时候若是出现一个与那家大公司实力相当的公司来跟它竞争的话，就能直接让产品价格降低，经销商便能从中获得更多的利润。

"至于本公司现在只能制造出二流的台灯是因为本公司新成立不久，目前在财力上还没有足够的资金用于技术改造和突破。但是假如大家肯帮忙以一流产品的价格来购买本公司的产品，我们很快就能筹集到足够的资金进行技术改造。相信过不了多久，本公司便可以制造出一流的产品并推向市场，到那个时候在座的各位就是最直接的受益者了。"

就这样，谈判在一种愉快而热烈的氛围中顺利结束，这家台灯制造厂成了最大的赢家。

尽管产品质量不是最好的，却让对方以最高的价格购买，听起来实在是有些不可思议。但更令人匪夷所思的是，这样的要求居然可以让大家从心里接受。这位董事长正是以对方的利益作为诱饵，没有苦口婆心地劝说，也没费多少口舌，只是在关键时刻把经销商的利益给抬了出来，可谓是把话真正说到了经销商们的心坎里，最终促使谈判获得成功。

要想提高自己在谈判中真正能成功达成协议的谈判能力，就必须找准对方心里的切实利益需要，并用实际的行动与坚定而又强有力的语言把会满足他们的心理切实利益需要的信息传递给他们，这样才会真正地说服对方，达成协议。

第9章　求人办事说话心理策略
让人听得舒服才会愿意帮忙

　　抬头先需低头，要想事办成，先得会求人。求人又以攻心为上，当你学会找对路子，摸准窍门，并用语言打动对方时，你的目的也往往能顺理成章地达成了。

◆ 适当学会低头说话

　　小时候的玩伴，过去的同学、战友，当年在一起时亲密无间，而如今时过境迁，当年感情虽在，但现在身份有了变化，地位也有了改变，肯定心态也不一样了。如果去求人办事，开口说话无视彼此之间的各种差距，还是以"当年如何"的心态来进行交流的话，注定是剃头挑子一头热。

　　感情归感情，完全可以拿它说事儿，但也要有能低头的心理准备，要能够拉下脸，恰当地说低头话才能办成事。明代开国皇帝朱元璋，少年时做过放牛郎，结交了一帮穷朋友。做了皇帝后，那种高处不胜寒的感觉便渐渐袭来了，于是他很怀念过去的一帮穷朋友，总想找机会与他们敞开心扉叙谈。

　　有一天，一个人从乡下赶来，一直跑到皇宫门外，在他的哀求下，有人进去启奏说："有旧友求见。"朱元璋吩咐带进来，那人见面后即下拜道："我主万岁！当年微臣随驾扫荡泸州府，打破罐州城。汤元帅在逃，拿住豆将军，红孩子当兵，多亏菜将军。"

　　朱元璋听他说得动听、含蓄，心里很高兴，回想当年饥寒交迫、有乐共享、有难同当的情景，心情很激动，所以立即封他为御林军总管。

这个消息让另一位穷朋友听见了，心想："同是那时候一块儿玩的人，他去了既然有官做，我去了也不会倒霉的。"

和朱元璋一见面，他高兴极了，生怕旧友忘了自己，便指手画脚地说："我主万岁！还记得吗？从前你我都替人家放牛。有一天，我们在芦花荡里，把偷来的豆子放在瓦罐里煮。还没等煮熟，大家就抢着吃，把罐子都打破了，撒了一地的豆子，汤都泼在泥地里，你只顾顺手从地下抓豆子吃，却不小心连红草叶子也送进嘴里，卡住喉咙。还是我出的主意，叫你用青菜叶子放在手上一拍吞下，才把红草叶子吞进肚子里去。"

当着百官的面，朱元璋又气又恼，哭笑不得，喝令左右："哪来的疯子，拿下，重责。"

后面这位皇帝的穷朋友，只会一味讲实话，不想境况今非昔比了，还以当年的心态当别人与自己平起平坐，说话不低头，结果落得如此下场。

既然有求于人，既然想要官做，既然想要捞好处，那就应当在别人面前低头，更何况对方是高高在上的皇帝。即使是两小无猜的发小，去求人办事，也要能说低头话。这样才能照顾到此刻对方的自尊与心理需求，才会让对方内心受用，乐意为我们办事。

求人办事，就要能低头。就算感情再好，别人也不见得乐于帮助我们，要能低头、说低头话。有感情固然好，但在忆感情的时候，要顾及对方的身份与内心感受，要知道对方已今非昔比，便不可同日而语，要让对方从内心深处觉得我们比他姿态低才行，才会让对方内心受用，有满足感。这样才会让给我们办事的人觉得他的好意得到了我们的内心认可，才能感受到我们内心的感激。

◆ 自我介绍要得体

在求人办事时，自我介绍是必不可少的。从交际心理上看，人们初次见面，彼此都有一种了解对方并渴望得到对方尊重的心理。这时，如果你能及时、简明地进行自我介绍，不仅满足了对方的渴望，而且对方也会以礼相待。这样，双方以诚相见，就为彼此的沟通及进一步交往奠定了良好的心理基础。

有时，在参加社交集会时，主人不可能把每一个人的情况都介绍得很详细。为了增进了解，同时也为了在对方内心留下深刻的印象，你不妨抓住时机，多作几句自我介绍。时机有两种：一是主人介绍话音刚落时，你可接过话头再补充几句；二是如果有人表示出想进一步了解你的意向时，你可作详细的自我介绍。

自我介绍时应注意以下几点：

1.要有自信心

在日常交往尤其是求人办事时，有些人怕见陌生人，见到陌生人，似乎思维也凝固了，手脚也僵硬了。本来伶牙俐齿的，变得说话结巴；本来拙嘴笨舌的，嘴巴更像贴了封条。这种状况怎能介绍好自己呢？要克服这种胆怯心理，关键是要自信。有了自信心，才能介绍好自己，给别人留下好的印象。

2.要真诚自然

有人把自我介绍称为自我推销。既然推销产品时需要在"货真价实"的基础上做宣传，那么推销自我时也不能不顾事实而自我炫耀。因此，作自我介绍时，最好不要用"很""最""极"等极端的词汇，给人留下"狂"的印象。相反，真诚自然的自我介绍，往往能使自己的特色更闪闪发光，引起人们的注意。

3.要考虑对象

自我介绍的根本目的是要给对方留下一个心理印象，因此要站在对方的角度来说话。所以，在介绍自己时一定要重视那个或那群与你打交道的人，要随机应变。如你面对的是年长、严肃的人，你最好认真规矩些；如与你打交道的人随和而具有幽默感，你不妨也比较放松地展示自己的特点，做出有特色的自我介绍来。

总之一句话，要在自我介绍中表现出你的口才，使它成为与人沟通和进一步交往的前提。

◆ 用闲谈打开话题

求人办事时，一开始不要直接进入正题，最好是从"闲谈"开始，既能缓解尴尬氛围，又让彼此之间觉得亲切自然，缩小彼此之间的距离。

有些人就是不喜欢"闲谈"，觉得"今天天气真好啊"和"吃过早饭了吗"这一类的话，没什么意思，不喜欢谈，也不屑于谈，但其实这一类看起来好像没有意义的话，却起着很重要的心理作用。它是求人办事时交谈的心理准备工作，就像在踢足球之前，蹦蹦跳跳，伸手伸脚，做一些热身运动一样。

由"闲谈"开始能使大家内心轻松一点，熟悉一点，营造出一种有利于交谈的气氛。当交谈开始的时候，我们不妨谈谈天气，而天气几乎是中外人士最常用的普遍的话题。天气对人生活的影响太大了。天气很好，不妨同声赞美；天气太热，也不妨交换一下彼此的内心苦恼；如果有什么台风、暴雨或是季节流行病的消息，更值得拿出来谈谈，因为那是人人都关注的。

如何开始交谈，尤其是当我们要面对各式各样的场合，面对各式各样的人物，要做得恰到好处，实在不是一件容易的事。倘若开始交谈得不好，就不能继续发展双方的交往，而且还会使得对方感到不快，给对方心里留下不好的印象，自然、亲切有礼、言辞得体是最重要的。然而做到这一点，也不能说就一定会收到良好的效果。

因此，平时除了自己最关心、最感兴趣的问题之外，还要多储备一些和别人"闲谈"的资料。这些资料应轻松、有趣，这样容易引起别人的注意。

1. 自己闹过的一些无伤大雅的笑话

例如，买东西上当啦，语言上的误会啦，或是办事闹了个乌龙啦等，这一类的笑话，多数人都爱听。如果把别人闹的笑话拿来讲，固然也可以得到同样的效果，但对于那个闹笑话的人，就未免有点不敬。讲自己闹过的笑话，开开自己的玩笑，除去能够博人一笑之外，还会使人从心底觉得自己很容易接近，很亲近，让交谈气氛轻松起来。

2. 惊险故事

特别是自己或朋友亲身经历的惊险故事，最能引起别人的注意。人们的生活常常不是一帆风顺的，每天大家照常吃饭，照常睡觉，可是忽然大祸临头了，或是被迫到一个很远的地方，路上可能遭遇到很多危险……怎样应付这些不平常的局面，怎样机智地或是幸运地在间不容发的时候死里逃生，都是一个人内心永远不会漠视的题材。

3. 健康与医药，也是人人都有兴趣的话题

谈谈新发明的药品，介绍著名的医生，对流行病的医疗护理，自己或亲友养病的经验，怎样可以延年益寿，怎样可以增加体重，怎样

可以减肥……这一类话题，不但能吸引人的注意，而且对人有很大的好处。特别是遇到对方自己或家人健康有问题的时候，假如能向他提供有价值的意见，那他内心会非常感激的。事实上，对方接受了我们的帮助，自然也就会为我们提供帮助，帮我们办成事。

4. 家庭问题

关于每个家庭里需要知道的各方面的知识，例如，儿童教育、购物经验、夫妻之间怎样相处、亲友之间的交际应酬、家庭布置……这一切也会使多数人产生兴趣，特别是对于家庭主妇们。

5. 运动与娱乐

夏天谈游泳，冬天谈溜冰，其他如足球、羽毛球、篮球、乒乓球，都能引起人们内心普遍的兴趣。娱乐方面像盆栽、集邮、钓鱼、听唱片、看戏，什么地方可以吃到好吃的食物，怎样安排假期的活动……这些都是很多人饶有兴趣的话题。特别是有世界著名的音乐家、足球队前来表演的时候，或是有特别卖座的好戏、好影片上演的时候，这些更是热闹的闲谈资料。

6. 轰动一时的社会新闻

假使有一些特有的新闻或特殊的意见和看法，那足以将把对方吸引。同时，对方也会从心眼里对我们刮目相看，从而赢取他的好感，乐于为我们办事。

7. 政治和宗教

这两方面的问题，倘若大家在政治上的见解颇为接近，或是具有共同的宗教信仰，那这方面的话题就变成最生动、最热烈、最引人入胜的了。

8. 笑话

当然，人人都喜欢笑话，假如构思了大量各式各样的笑话，而又富有说笑话经验的话，那恐怕把对方逗乐便不再是问题了，一笑就把所有的尴尬与沉重都洗去了。

◆ 效忠的话别忘了说

从人们普遍的心理特性来讲，任何人内心都喜欢听别人奉承自己，希望别人打心眼里将自己看作个人物。正如美国一位名人所言：人类本质里最深远的驱动力就是希望具有重要性。因而在求人办事时说"忠"话，让对方心理获得满足感，就成为达到自己的目的、说服对方的关键。

魏国人江乙曾劝安陵君要对楚王表示忠心，以消除其戒心。安陵君当时说："我谨依先生之见。"但是又过了三年，安陵君依然没对楚王提起这句话。江乙为此又去见安陵君："我对您说的那些话，至今您也不去说，既然您不用我的计谋，我就不敢再见您的面了。"言罢便要告辞。

安陵君急忙挽留，说："我怎敢忘却先生教诲，只是一时还没有合适的机会。"

又过了几个月，楚王到云楚打猎，一千多辆奔驰的马车接连不断，旌旗蔽日，野火如霞，声势浩大。这时，一只狂怒的野牛顺着车轮的轨迹奔过来，楚王拉弓射箭，一箭正中牛头，把野牛射死。百官和护卫欢声雷动，齐声称赞。楚王抽出带牦牛尾的旗帜，用旗杆按住牛头，仰天大笑道："痛快啊！今天的游猎，寡人何等快活！待我万岁千秋以后，你们谁能和我共享今天的快乐呢？"

这时安陵君泪流满面地走上前来说："我一进宫便与大王同席共座，出宫后更与大王共乘一车。如果大王万岁千秋之后，我希望随大王奔赴黄泉，变作芦草为大王阻挡蝼蚁，那便是我最大的荣幸。"

楚王闻听此言，深受感动，安陵君自此便得到楚王的宠信。安陵君为了让楚王消除对自己的戒心，用足够的耐心来等待时机说忠心话可谓是技高一筹，在关键时刻用忠心话并佐以丰满的感情，让楚王大受感动，进而讨得楚王内心的信任。

我们在求人办事的过程中，特别是面对身份地位比自己高的人，说忠心的话会让他人感受到对方在我们心中的地位，让他们意识到我们心里对对方的绝对认可，无形中就会增强他人对我们的信赖，让对方觉得为我们办事是很值得的。

◆ 寻找感情上的突破口

求人办事时，并不是总在熟人间进行，有时甚至要闯入陌生人的领地。当进入一个陌生的家庭、环境时，要迅速打开局面，首先要寻找理想的"突破口"。有了"突破口"，便可以以点带面或由此及彼地发挥开来，从而实现让对方在感情上接受你的效果。老人和小孩从心理接近难易程度上来说是属于比较容易接近的，也喜欢你接近，融洽全家气氛，这样就能达到水到渠成的"套近乎"的目的，让自己成功办成事。

人常说：要讨母亲的欢心，莫过于赞扬她的孩子。会说话的高手都善于在求人办事的过程中利用孩子充当心理沟通的媒介，一桩看似希望渺茫的事，经过孩子的起承转合，反倒迎刃而解。

> 求人办事时，注重说引起对方欢心的话题，看似很平常，甚至有点假，可它却能引起人际间的良性互动，成为求人办事成功的润滑剂。

纽约某大银行的乔·理特奉上司指示，秘密进入某家公司进行信用调查。正巧理特认识另一家大企业的董事长，这位董事长很清楚该公司的行政情形，理特便亲自登门拜访。当他进入董事长办公室，才坐定不久，女秘书便从门口探头对董事长说："很抱歉，今天我没有邮票拿给您。"

"我那12岁的儿子正在收集邮票，所以……"董事长不好意思地向理特解释。

接着理特便开门见山地说明来意。董事长却含糊其词，一直不愿作正面回答。理特见此情景，只好离去，没得到一点儿收获。

不久，理特突然想起那位女秘书向董事长说的话：邮票和12岁的儿子。同时，他又想到他服务的银行，每天都有许多来自世界各地的信件，有许多各国的邮票。于是，他的心中有了新的想法。

第二天下午，理特又去找那位董事长。基于上次的经历，还有这位董事长对自己儿子的极度疼爱，这次理特并没有直接谈事情，而是真诚地告诉这位董事长，他是专程替他儿子送邮票来的。就是这一句话缩短了彼此之间的距离，消除了生疏感，这位董事长热忱地欢迎了他。理特把邮票交给他，他面露微笑，双手接过邮票，就像得到稀世珍宝似的自言自语："我儿子一定高兴得不得了。啊！多有价值！"

董事长和理特谈了40分钟有关集邮的事情，又让理特看他儿子的照片，理特耐心而又热情地和这位董事长交谈着关于他儿子的话题。之后，没等理特开口，他就主动说出了理特想要知道的内幕消息，足足说了一个钟头。他不但把所知道的消息都告诉了理特，又召来部下询问，还打电话请教朋友。理特掌握了这位董事长极度疼爱儿子的心理，并有效利用这个信息顺着这个方向来交谈。谈的虽是看似不关乎自己要办的事情的话题，但因为直击对方的软肋与要害，所以能取得实质性的突破与进展。

　　求人办事就是要善于去找突破口，直接提出要求未免太生硬，让他人觉得过于直接而无法接受。而如果找到对方的心理软肋，找到对方容易放下防备的心理突破口，就为自己求人办事成功做好了铺垫。

　　每个人身上都会有自己的心理弱点或者说是喜好，这就是最好的突破口。找到了心理突破口，会让对方感受到我们的诚意，建立彼此之间的共同话题，能更好地缓和气氛，让对方在比较轻松而又愉快的氛围中达成我们的目标。

◆　话不在多，全在点上

　　求人办事尤其是当对方对我们还有一定心理距离感的时候，要想让他人心甘情愿地替我们办事，一味地靠夸夸其谈不一定能解决问题。重要的是摸清对方底细，对症下药，话不必多，但一定要说到点子上，说到对方的心坎上。

　　说得过多，未免啰唆，让人产生怀疑，有费力为自己谋利之嫌。

　　只有把话说到点子上，让他人从心里佩服我们的独到眼界，才会从心底对我们心存敬意，也才会心甘情愿为我们办事。

晚清红顶商人胡雪岩在说话办事时可以说深得其中三昧。自从胡雪岩的靠山王有龄上任"海运局"坐办后，抚台交托王有龄去上海筹办军粮，以期早日完成浙粮京运的任务，眼下时日已经不多。王有龄便找到胡雪岩，请他帮忙解决筹办米粮的问题。

在松江，胡雪岩听一位朋友说，松江漕帮有十几万吨米想脱价求现，漕帮中管事的姓魏，人称"魏老五"。胡雪岩此时要做的，是去说服漕帮的主事者，把这十几万吨大米先借给浙江海运局，以帮助他们完成就地收购大米的计划。于是他决定登门拜访魏老爷子。

胡雪岩在他的两位朋友刘老板和王老板的带领下，来到了魏家。时值魏老爷子未在家，只其母在家。只见到魏老爷子的母亲，刘、王二位老板颇觉失望。然而胡雪岩细心观察，发现这位老妇人慈祥中透出一股英气，颇有女中豪杰的味道，便猜她必定对魏当家的有很大的影响力，心下暗想，要想说动姓魏的，就全都着落在说服这位老妇人身上了。

胡雪岩以后辈之礼谒见，当三人品了一口茶，寒暄几句之后，魏老太太开门见山地问道："不知三位远道而来，有何见教？"

胡雪岩很谦卑地说道："我知道魏当家的在上海这一带是响当当的，无人不晓，这次路过，有幸拜访。"接下来，他便把想请漕帮将十几万吨米粮借给浙江海运局的来意也直接说了。

听完胡雪岩的话后，魏老太太说道："胡老板，你知不知道，这样做是砸我们漕帮弟兄的饭碗？眼下漕帮难处不小哇！"原来，漕帮之难，根源于此时朝廷提出将大米由河运改为海运。漕帮自然是靠河运吃饭，将漕运改海运，无疑断绝了漕帮的吃饭路子。现在松江漕帮正处于极其困难的时期。一方面漕帮的收入减少，已留下了不小亏空需要填补。另一方面，他们还想四处打点，试图取消海运，恢复河运，这也需要大量资金。本来，这十几万吨大米所定下的"脱货求现"原则，就是用来解决帮内之急的，现要借粮给浙江海运局，自然就打乱了漕帮的计划。

听了魏老太太的话，胡雪岩并没有灰心，反而更加胸有成竹地说道："老前辈，我打开天窗说亮话。如今战事迫急，这浙米京运可就被朝廷盯得紧了，如若误期，朝廷追究下来不但我等难脱罪责，我想漕帮也难辞其咎吧，那问题可严重了！眼下虽然筹粮款一时没到位，但相信很快会到，如若将粮食先借给浙江海运局，我可想办法通过相关担保来尽量缓解漕帮的难处。"

这句软中带硬的话正好击中魏太太的要害之处，使得魏老太太不得不仔细思量，终于答应了胡雪岩的要求。就这样，胡雪岩凭着三寸不烂之舌，把话说在点子上，击中老太太的软肋，使老太太顺利答应此事，并很快就与漕帮的龙头老大魏老五由初识而结成莫逆之交，顺利地办成了这件非常棘手的事情。

行业有行业的规矩，作为一个商人，自然要就货论价谈生意。但是当时中国的生意场是十分复杂的，有洋商、有买办，有亦官亦商、有亦匪亦商，还有像魏老五这样的帮派之商。所以经商时既要讲商道，又要能进什么门说什么话讲什么规矩。胡雪岩与漕帮打交道，首先以漕帮尊崇的一个"义"字从心底深深打动了魏老五之母，又以其母之情去压魏老五，不管魏老五内心愿不愿意，漕帮的力量算是借定了。再加上胡雪岩发自肺腑地替对方着想，在胡雪岩向漕帮借米的同时，由杭州钱庄向漕帮贷了一笔款，用来解决帮中的现金周转，其中贷款利息不高于胡雪岩向漕帮支付的借米的利息。如此一番运作，更使他赢得对方信任。

这也要求我们在平时求人办事时，说话态度一定要不卑不亢，软中带硬，尊重自己的同时给自己在他人心中树立好形象，再加上自己独到的中肯的语言，才会让对方发自内心地觉得值得为我们办事，进而心甘情愿地为我们办事。

第10章 交际心理策略
摸准脉搏，征服人心

人际交往中的各种问题，都与心理学有着非常密切的关系。要想成为社交达人，就要摸准他人脉搏，擅攻人心。

◆ 懂得尊重他人

世界是缤纷多彩的，事物是错综复杂的。人与人之间的思想、见解也往往如此，它不可能统一在一个尺度上。那么针对相互间的差异，需要的不是排斥或强求，而是来自心底的真诚的包容与理解。

人与人之间的言语交谈也是如此，对于一个事件、一个事物，每个人内心都有各自的看法，每个人有每个人的喜好，千万不要强迫他人和自己的意见一致，非要他人遵循我们的爱好。如若执意如此，势必会在他人内心形成强大的压力与强迫感，也会让他人内心极度不适，会使围绕在我们身边的朋友越来越少，甚至会因为某一个问题导致朋友之间决裂。

小李和小张是多年的老朋友了，两人有个共同的爱好，就是喜欢看书，都是书迷。最近她们却因为谈论所看的书而伤了感情。小李喜欢看武侠小说，而小张喜欢看散文。于是小张便对小李冷嘲热讽，把武侠小说批得体无完肤，认为那是登不得大雅之堂的东西，远没有散文所包含的文学养分，并劝小李转变读书的兴趣。但小李很不服气，两人争执不休，最后不欢而散。

现实生活中，不乏小张这样的人，我们经常听到这样的议论：
"我最看不惯某某了。""看他穿得像什么样，稀奇古怪的，真难
受！"他们从自身立场去看待他人的一言一行。一旦他人的思想、语
言、行为与自己不同，他们就认为不可理解，于是便对他人指手画
脚，甚至让朋友完全地与自己的思想和行为吻合。这种不善于理解他
人、过分挑剔人的人，是不可能拥有他人的友谊的。

别人穿什么、爱好什么、怎么想，那是别人的自由，彼此之间的
立场不同、经历不同、感受不同，所以不能一概而论。强行让对方接
受自己的一切，按自己的标准来，肯定会引起他人心中的反感与不
适，时间久了自然没有人愿意和我们交朋友。而应当采取兼容的态
度，不趋同，你有你的想法，我有我的观点，我们每个人都应当有属
于自己的独立空间，不应相互干涉，这样才会让对方在心中获得自我
与尊重感，才会从心底真正感受到来自我们的人格魅力，更乐意与我
们交朋友。同时，即便彼此之间出现大的分歧时，也不应当在语言上无
礼地要求别人必须认同我们，这时可以说："每个人都有自己的看法，
我的未必对，你的也未必错，刚才说的那些只是我自己的观点。"

世界是缤纷多彩的，世上的事物也是复杂多变的，人的思想与见
解也不可能绝对地统一在一个水平线上。就像色彩，有人崇尚鲜艳，
喜欢大红；有人却以素色为美。我们交友，不能要求别人在各个方面
都完全符合自己的意愿，我们只要取与其志同道合、情投意合的一两
点即可，切不可因观点不合而出语伤人。

◆ 有效地拉近彼此距离

每个人对新生事物和人都有一种好奇心理，但同时也有更多的排斥感。在人们的内心深处，每个人都喜欢给"自己人"办事，也喜欢听"自己人"的劝告。因为"自己人"不是外人，是同一立场的朋友、荣辱与共的亲信，也是最值得信赖的人。与自己人说话，既轻松又亲切。

这就要求我们在平时的言语交谈中，说话时在内心把他人当作自己人，并用自己人的语气说话，这样能有效拉近彼此的心理距离。用自己人的口气说话，既显得亲切，又能赢得他人的信任，他人在心理上也比较容易接受，备感自己的重要。

赫蒙是美国有名的矿冶工程师，毕业于美国耶鲁大学，又在德国佛莱堡大学拿到了硕士学位。但当他带齐了所有文凭去找美国西部的大矿主赫斯特的时候，却遇到了麻烦。

赫斯特是个脾气古怪又很固执的人。他自己没有文凭，所以也就不太相信有文凭的人，更不喜欢那些文质彬彬又专爱讲理论的工程师。

赫蒙去应聘并递上文凭时，满以为对方会乐不可支地接受他，没想到赫斯特很不礼貌地对赫蒙说："你还是另谋高就吧！我不想用你这样的人才！"

赫蒙很不解地问："您可以告诉我为什么吗？"

赫斯特答道："因为你是德国佛莱堡大学的硕士，你的脑子里装满了一大堆没有用的理论，我可不需要什么文绉绉的工程师。"

聪明的赫蒙听了后不但没有生气，反而故作神秘，悄悄地对他说："假如您答应不告诉我父亲的话，我会告诉您一个秘密。"

赫斯特点了点头，赫蒙就对他小声说："其实我在佛莱堡并没有学到什么，那三年就好像是稀里糊涂地混过来一样。"

赫斯特听了不禁扑哧一笑，说："好了，明天你就来上班吧。"

最初的交谈中赫斯特和赫蒙之间有着实力派和学院派的矛盾，但赫蒙并没有强硬地用生硬的大道理去说服赫斯特，而是放低姿态，把赫斯特当成"自己人"，说了些比较亲密的话语，瞬间拉近了他和赫斯特的心理距离，增进了双方的心理默契，挽回了局面，获得了赫斯特的认同与好感。

用"自己人"的口气说话的好处就是能有效缩短彼此之间的心理距离，能让上下级关系变得亲密，让好朋友更加亲密无间，甚至让原本不熟悉的人也产生心理默契，这也正是用自己人的口气说话的伟大力量。

但同时用"自己人"的口气说话时也应当注意，无论自己的地位与对方多么悬殊，都要保持一颗平等的心，这样才能真正从对方的角度出发，对方也才会将我们当成自己人，我们所说的意见也才能比较容易被对方接受。另外在措辞上应当摒弃"你""你们"等词，而应当用"咱们""我们"等词语，让他人内心倍感亲切，自然地拉近距离。

◆ 用关心和热忱去迎接别人

维也纳一位著名心理学家曾说过："对别人不感兴趣的人，他一生中的困难最多，对别人的伤害也最大。所有人类的失败，几乎都出自这种人。"

要令人感觉到自己有趣，就要首先发自内心地对别人感兴趣，提出别人关心的问题，满足对方的内心需求，这样便能够很快地缩短双方的心理距离。查尔斯·伊里特博士从美国南北战争结束后到第一次世界大战的前五年，一直担任哈佛大学校长。

有一天，一名大学一年级的学生克兰顿到校长室去借50美元的学生贷款，这笔贷款获准了。而当克兰顿感激万分地致谢一番，正要离去的时候，伊里特校长说："请再坐会儿。"然后他对克兰顿惊奇地说，"听说你在自己的房间里亲手做饭吃。我并不认为这样做有什么不好，如果你所吃的食物是适当的，而且分量足够的话。我在念大学的时候，也这样做过。你做过牛肉狮子头没有？如果牛肉煮得够烂的话，就是一道很好的菜，因为一点也不会浪费。当年我就是这么煮的。"

接着，他告诉克兰顿如何选择牛肉，如何用文火去煮，然后如何切碎，用锅子压成一团，放冷再吃。这样的校长，有谁会不喜欢呢？卡耐基说："一个人只要对别人真心感兴趣，在两个月之内，他所得到的朋友，就比一个要求别人对他感兴趣的人，在两年之内所交的朋友还要多。"

如果想要成为社交达人，在言语交谈中就要学会以关心和热忱去迎接别人，获得别人的认同与信任。许多人往往都错误地单方面想办法使别人对他们感兴趣，其实这才是真正的一厢情愿。如果我们只是想在别人面前表现自己，仅仅想使别人对我们感兴趣的话，我们将永远不会真正地博得他人内心的好感与喜欢。

人性丛林中，每个人的性格与爱好都有所不同。不管他人有着怎样的心理防备或者性格，只要我们是发自内心地真诚与关怀的话，对方也是一定能够从心底感受到的。

一位著名的老罗马诗人西拉斯曾经说过："我们对别人感兴趣，是在别人对我们感兴趣的时候。"要表示我们的关切，而且必须是诚挚的。这会让他人真正备感温暖与舒心，同时也会放松对我们的心理戒备，缩短彼此之间的距离，在心里把我们当作值得信赖的人。这不仅使得接收这种关切的人获得了关心与温暖，同时也给付出关切的我们扫除了与他人之间的心理交往障碍。

◆ 少点虚、空多点实在

假若到朋友家里去做客，朋友对我们异常客气。我们每说一句话，他只有"对对对"，和我们说话时他总是满口客套，唯恐我们不欢，唯恐开罪于我们，那么如此一来，我们一定会觉得如芒刺在背，坐立不安。

这情形大概很多人都经历过，虽然客气是必要的，但有时这种过度的客气显然会给人内心造成痛苦与困扰。开始会面时的几句客气话倒不成问题，若继续说个不停就太不妥当了。

谈话的目的在于沟通双方的情感，增加双方的内心兴趣。而过多的客气话、太多的虚话空话则恰恰是横亘在双方内心中间的墙，如果不把这堵墙拆掉，人们只能隔着墙，做极简单的敷衍酬答而已。

朋友初次会面略微客套后，第二次、第三次见面时就应竭力少用那些"阁下""府上"等名词，如果一直用下去，则势必无法让彼此的心理距离缩短，而真挚的友谊也必定无法建立。

客气话是用来表示恭敬或感激的，不是用来敷衍朋友的。一定要适可而止，多用就流于迂腐，流于浮华，流于虚伪。当有人替我们做了一些小事情时，譬如说倒了一杯茶，你说"谢谢"就够了。要是在特殊的情形下，那么最多说："对不起，这事情要麻烦你。"但是若要坚持说"呵，谢谢你，真对不起，我不该拿这些小事情麻烦你，真使我觉得难过，实在太感激了……"等一大串，让听者会觉得很啰唆以至于过分客气，有拒人于千里之外的感觉，让人觉得很不舒服。

同时在必须要说些客气话的时候一定要充满真诚。像背熟了的成语似的流水般泻出来的客气话，最易使人生厌。说时态度更要温雅，不可表现出急促紧张的心理状态。同时还要保持身体动作的自然，用过度的打躬作揖、摇头摆脑作态来帮助说客气话的表情，并不是一个"雅观"的动作。

如果把平时对朋友说的太多的虚话空话略改为坦率一点，我们一定可以享受到友谊之乐。在一个朋友家中，过分的客气会让主人窘迫。而当我们是主人的时候，那又是高明的逐客方法，这方法更胜于把他人大骂一顿。如果怕朋友以后再到家里干扰我们，拼命跟他说客气话好了，临走勿忘请他有空再来。其实我们知道他绝不会再来的。

朋友间太多的客气话、虚话空话会使人内心不愉快，不妨来点实在的、具体的，以缩短与他人的心理距离，增进感情。但也并不是说客气话不必说，有些时候客气话还是需要适当地讲的，而当朋友间真正要说客气话时应该注意以下这些方面：

1.说客气话一定要真诚，不能过于刻板

缺乏真诚的刻板的客气话，必不能引起听者的好感。"久仰大名，如雷贯耳。""贵店生意一定发达兴隆。""小弟才疏学浅，一切请阁下多多指教。"……这些缺乏感情的，完全是公式化的恭维语，会在他人心里留下过于虚假不实在的感觉。

2.要言之有物，这是说一切话所必备的条件

与其泛泛地说"久仰大名，如雷贯耳"，毋宁说"阁下上次主持的冬季救灾义演晚会成绩之佳，真是出人意料"等话，直接提及他的成功事件。至于恭维别人生意兴隆，不如赞美他推销产品的能力，或赞美他的经营手段。请人"指教一切"是不行的，应该择其所长，集中某点请他指教，这样他心里一定会高兴得多。

◆ 不要过度自我夸耀

言语交谈中爱自我夸耀的人是不会有一个良好的交际关系的。自视甚高，睥睨一切，不理会别人的意见，只顾自己吹牛的人，没有人会真正喜欢。对于只想找那些奉承和听从他的人，人们对这种人总是敬而远之、避之唯恐不及。凡是有修养的人，必定不会随便谈及自己，更不会夸耀自己，个人的事业在旁人看来是清清楚楚的，没必要自己去说。

　　言语交谈是帮助我们待人处事的一种方法，说话本身并不是我们的目的，能够取得良好的说话效果，让他人乐于接受，对我们产生青睐与好感才是最终要达到的目的。想必没有人愿意做一个口才很好而到处不受欢迎的人，那就不要为了表现口才而到处逞能，惹人心里厌恶，口才好但要正确而灵活地表现，而不能用于宣扬自己，自吹自擂。

　　每个人身上都有他人无法比拟的地方，每个人也都期望得到他人的认可与赞同，期望自我价值得到实现。而对自己过度夸耀、自吹自擂，实际上就是对他人价值一定程度的不屑与不认同，势必会招人反感。也许自以为自己伟大，但别人不一定会认同这种看法。就算需要自己捧自己时，也绝不能捧得太高，夸大自己事业的重要性，间接为自己吹嘘，纵使平日备受尊崇，听了这话别人也会从心底觉得没品位。同时，朋友间的言语交谈也千万不要故意与他人为难。可能有些人就是专门喜欢表示自己和别人的意见不同，以彰显自己的特立独行。如果别人说这是黑的，他就硬说这是白的，但是如果他人说这是白的时，他就反过来说它是黑的，这种处处故意表示自己与别人看法不同的人，最惹人讨厌，被人从心底看不起，甚至被人们憎恶。

　　在与朋友的言语交谈中，千万不能处处反着来，惹人心里反感，破坏气氛。与他人对着来，肯定会让他人很不受用，得罪的不只是直接和我们对话的人，同时，周围的人也会觉得你很扫兴，制造不和谐的气氛，久而久之，没有人会再乐于和我们接触与交往。

听了对方的话，即便发现其中有一点与自己的意见不同，也不要立刻就提出异议，因为这样是对对方意见的一种否定，会让别人觉得很没有面子，心里会很不受用，甚至窝火。在这种场合即便我们想要表达不同意见，也一定要记得预先说明哪一点，或者哪几方面，自己是完全同意的，然后指出自己与对方意见不同的那一方面。

这样，既利于对方内心容易接受批评或指正，也可以说是自己在一定程度上肯定了对方，对方的观点还是有可取之处的。要让他人心里明白双方对于主要部分的意见是完全一致的，即使有不同意的地方，那也是次要方面的意见。

不要抹杀朋友的一切意见，如果对别人的优点一点也不承认的话，谈话就不可能融洽，也就不再会有谈下去的可能。无论自己的意见和对方的有多远，冲突得多么厉害，我们都要表现出一切可以商量的胸怀，并且相信，无论怎样艰难，大家都可以得到比较接近的看法，不致造成僵局。

和朋友间的言语交谈话题很广泛，但是，在浩渺无边到处都可以航行的谈话题材的海洋里面，也有一些小小的礁石，要留心避开它，对于不知道的事情不要冒充内行。知道多少就说多少，没有人会要求我们是一本百科全书，即使是一个最有学问的人，也不可能无所不知。所以，坦白承认自己对于某些事情的无知绝不是一种耻辱，相反的，这会使别人对我们的谈话，从心底认为有值得参考的价值，没有吹嘘，没有浮夸，没有虚伪。

◆ 人情话要多说

不会说话的人，很多时候都存在这样的情况：平时说话过于随便，不分场合地口若悬河说个不停，可到该说的时候反而又惜字如金。正如朋友间交往，在一起的时间长了，彼此之间常会互相帮忙，完事之后，一句人情话适时递上："张哥，昨天那事你受累啦，咱哥俩儿这关系，感谢的话我就不多说了。""大李，孩子都这么大了，你还给他买玩具干吗？他喜欢得不得了，可以后你这当叔叔的也别太惯着他，哪天来我家尝尝你嫂子包的荠菜饺子。"这时候就会让对方从内心真正感觉到自己的好意被领受了，心里自然受用。

其实，朋友也好、亲戚也好，帮个忙、送点礼是常有的事，人们做这些事的时候跟求人办事不同，并不是想从你这里得到些什么好处，他所要求的也并不是等额的回报，只是因为关系好很乐意帮忙。但是这时候如果你认为这是理所当然的，没有一点表示的话，他人也不知道自己的好意是否真正被你的内心所接受。再要好的关系，既然受了来自别人内心的真诚帮助，就要做出及时、明确的表示，当然，也不需要特别做什么，一句恰到好处的人情话就足够了。

小陈大学毕业后在北京当公务员，妻子是北京人，结婚的时候他们曾到妻子的叔叔家做客，叔叔婶婶对这个一表人才的侄女婿很欣赏。叔叔是一家国企的老总，两人坐到一起很谈得来，一来二去，夫妻俩去岳父岳母家去得少，反倒去叔叔家去得勤。

可是最近小陈发现叔叔婶婶的态度有了很大变化，对他们越来越冷淡，有时候他们说要去看二老甚至遭到拒绝，二人百思不得其解。后来还是岳母替他们解开了这个谜。叔叔家经济条件较好，有别人送的好烟好酒及单位发的一些东西常让小陈他们带回家。前段时间小陈曾提到想调到一个更有前途的部门，也是叔叔通过关系帮他办成了。但是，妻子可能觉得是自己的叔叔这么亲的关系，小陈可能也觉得这些对叔叔他们来说不过是举手之劳，因此事前事后小陈夫妻俩始终没说过什么人情话。婶婶有意无意地跟岳母提起，叔叔为此很是生气，说他们是白眼狼，不值得帮忙。二人一听连忙去府上谢罪，才算挽回了一点情分。

小陈夫妻就是犯了不重视人情话的错误，想当然地认为自己心里的感激对方一定知道。所谓话不说不明，即使他人知道，天长日久，帮完了忙总也听不到一句人情话，心里也会疙疙瘩瘩的。

鉴于此，我们在日常与人交往的过程中就要刻意培养自己多说人情话的好习惯。

1.使用日常生活中的见面语、感情语、致歉语、告别语、招呼语

别不在乎这些最简单的话语，越是最普通最简单的话语，越能迅速拉近与人之间的心理距离，获得他人的好感，打动对方。早晨见面互问"早晨好"，平时见面互问"您好"。初次见面，主方可用"您好""很高兴和你认识"，被介绍的一方可用"请多帮助""请多指教"。分别时说"再见""请再来""欢迎您下次再来"。特定情况下的告别可用"祝您晚安""祝您健康""祝您一路顺风"。有求于人说声"请""麻烦您""劳驾""请问""请帮助"。对方向你道谢或道歉时要说"别客气""不用谢""没什么""请不要放在心上"。

2.养成对人用敬语、对己用谦语的习惯

这会给对方以尊重和礼貌的感觉，让他人从内心深处觉得可以进一步交往，为自己的人际交往打开窗户。一般称呼对方用"您""同志"，对长者用"大爷""大妈""先生"，不要用"喂""老太婆""老头"等。对少年儿童用"小朋友""小同志""小同学"，不要用"小家伙""小东西"等。称呼别人的量词用"位、各位、诸

位"，不要用"个"。对自己或自己一方的人可以用"个"。

3.多用商量语气和祈求语气，少用命令语气的语词句或无主句

用商量的语气能让他人获得被尊重感与被重视感，很容易与我们达成共识，获得认同感。即便一些事情他人可能会不太乐意，但若我们用询问商量的语气，对方反而会在我们重视他的意见的基础上答应。因此，在人际交往中谈吐一定要客气，切勿生硬冷淡与强势。如"您请坐""希望您一定来""请打开窗户好吗""请某某同学回答""请让开一些"。这样说话和气、文雅、谦逊，让人乐于接受。

人与人之间的人情话，就像温暖的太阳，能融化冰雪，迅速拉近与他人之间的心理距离，消除与他人之间的内心隔阂，让对方乐于接受我们，乐于与我们交往。但人际交往中，说人情话也要遵循一定的原则，要根据时间、地点、对方的身份（年龄、性别、职业等），以及和自己的关系，恰当地选择人情话和礼貌用语。

第11章　婚恋说话心理策略
蜜语拴住人心，让爱变得简单

美好的婚姻与爱情需要甜言蜜语，爱就要说出来。但如何说出甜而不腻的感觉，这就需要花一番心思，看"芳心"说话。

◆ 恋爱要会"谈"更要会问

面对刚刚建立的恋爱关系，可能很多人都曾遇到过这样的难题，害怕并苦恼于不知道要和对方聊些什么，怎样既不让彼此尴尬，又能让话题继续下去，赢得对方的好感。这就需要懂点说话心理学，照顾到对方的心理，才能让言语交谈愉快而又顺利地进行。

恋爱中的问话是一门艺术，更是一门学问，在开口说话之前一定要先揣摩对方的心思，掌握问话的艺术，才能在取悦对方的同时又得到想要的答案。恋爱中，双方往往都是非常敏感的，问题如果没有问好，话没有说圆满，很可能让对方心里产生某种猜疑，小则心存芥蒂，大则恋情告吹。同时，生硬而又蹩脚的发问会使对方难堪、难答、尴尬甚至愤怒，认为是无理取闹，羞辱不尊重他人。

对于那些对方难以回答、不能作答或不便作答的问题，千万不要提。超过对方知识范围、学识水平的问题，会让人心里觉得是有意考问，令人难堪；涉及隐私或痛处的问题，会让人觉得你喜欢打探别人的秘密，个人修养不好，尤其不要轻易打听对方的恋爱史，即使现在是关系亲密的恋人，也不能侵犯对方保留隐私的权利。如果实在想了解，那就先谈自己这方面的经历，对方听后，或许会主动向你讲起自己的恋爱史。不过，要先确定对方不是"醋坛子"之后才能采用，否则还没等套出对方的话来，恐怕对方已经醋海翻腾、愤然离去了。还有，探听对方的积蓄、工资、财产、有名望的亲戚朋友的话也不能说，会被对方认为恋爱动机不纯，给人留下肤浅势利的印象。

另外，即便要问相关问题，也一定要找准时机，看准时机再说话，千万不要打断对方的话，否则不仅会影响对方的思路，还会让对方认为你很没有涵养。也不要在对方谈兴正浓时发问，这样只会让人感到十分扫兴。如果想问问题，那就在对方一段话结束，新一段话开始前的空当提出来。同时，发话前宜有所暗示，让对方有所心理准备，暗示最好安排在对方谈话将尽的前几秒。谈话者即将结束谈话时，往往语速较慢，且音调也逐渐降低。这时提出问题，会让对方的大脑和心理都有一个缓冲和准备的过程，对话自然能够顺利进行。

基于对方的心理，选择适当的说话时机和内容，但也应当注意方式。切忌查户口似的一问一答，让对方产生受审感和压抑感。当对有些问题发问，估计会产生不良反应时，要先打预防针——“我问个问题希望你别生气”。同时，发问最好顺着对方的思路，就势反问，让对方内心感觉提问不是探究他（她）的某些秘密，而是想把刚才的谈话进一步弄明白。这样提问自然得体，也避免对方对提问动机产生怀疑。注意避免问那些对方只能答“是”或“否”的问题，要选择富于启发性的问题，至少应该让对方可以就此谈论一番，觉得有话可说，话题可以继续。

“谈恋爱”，必须要能谈下去，而且是要能愉快顺利地谈下去，要是问题问错了，恋爱也就没法再"谈"了。把握提问的方式、内容和节奏是恋爱中双方交谈不容忽视的技巧。要从对方的心理接受喜好角度入手，我们的提问方式能让对方欣然接受并且愉快作答，使得话题能够继续。

◆ 借斗嘴让爱情升升温

常常会看到恋人之间斗嘴，看似是在较劲，其实蜜意十足。恋爱中的人或者夫妻间的斗嘴不同于吵嘴，这种形式上的斗嘴往往不是为了解决什么实质性的问题或是作出什么至关重要的决定，而是通过语言外壳的相互碰撞激发彼此心灵的碰撞，从而达到心与心的相知、相通。

从形式上看，恋人之间斗嘴，你一言、我一语，相互挖苦奚落，毫不相让。不过斗嘴的时候，即便说出那些尖刻的语言，彼此也不会懊恼生气，因为彼此的态度都是欢快轻松的。相反，彼此间充满爱意的斗嘴因充满刺激性和愉悦性而让双方有效地拉近心理距离。这种充满爱意的斗嘴可以称之为"软摩擦"。

这种"软摩擦"可以说是表现亲密与娇嗔的最好方式，即便对方脸上带着亲切而顽皮的笑说"你真无聊、无赖、无耻"，也成了彼此爱情生活里甜蜜的一部分。

正是由于斗嘴这种表面上尖锐犀利、实质上亲切柔和的特点，才使得它比直抒胸臆式的甜言蜜语更能展示恋人之间内心的真实情感和丰富个性的广阔空间，这也正是婚恋中的男女都非常喜欢这种语言方式的原因所在。像游戏一样轻松浪漫，又可以使彼此加深了解，增进彼此之间的感情，使爱情更加多姿多彩。

虽说爱人之间的斗嘴是一种很有趣的语言游戏，不等同于吵架，但是它并非没有规则。若把握不好度，触及了敏感话题，伤及了对方的自尊心，很可能使无心的斗嘴升级为有心的吵架。所以，爱人间在斗嘴时也应照顾对方心理，把握以下原则：

1.要留心对方的心境

斗嘴是唇枪舌剑的交锋，宽松的环境和充分的心理准备很重要，只有这样，才能享受它的快乐。在斗嘴的时候一定要特别注意对方当时的心境。心情愉快时，可以随便耍嘴皮子、开玩笑。可你的恋人正在为家里有事缺钱而闷闷不乐的时候，你却来一句："怎么啦？像谁欠你几百元钱似的。"接下来准会收到这样的抱怨："人家都快心烦死了，你还有心逗乐，找了你这个穷光蛋真是倒霉透了。"斗嘴的味道也会变得苦涩。

2.不要刺伤对方的自尊

爱人之间斗嘴，用戏谑的话语来揶揄对方是最常用的方式，夸张与丑化在所难免。但即使是夸张与丑化，也应该要照顾对方内心的自尊，不要涉及对方很在乎的生理缺陷或对方的父母长辈，也不要对他

（她）自认为神圣的人和事进行挖苦，否则就有可能自讨没趣，弄得不欢而散，并很可能引发一场"爱"的战争。

3. 要把握好感情的深浅

浅交不可深言，尚处于相互试探、感情朦胧阶段的恋人之间，要想通过斗嘴的方式来加深了解，则可以选择一些不涉及双方感情的一般轻松话题，如争论一下是吃面食好还是吃米饭好，这样双方可以不受拘束，"安全系数"也大。

有人将恋爱中的斗嘴称为"耍花腔"，但花腔可不是人人都能耍得好的，它需要猜测对方的心理，需要讲求技术与艺术，只有拿捏得当，才能一步步将对方带进自己的世界当中，唱一出引人入胜的好戏。

斗嘴也像熬粥，火候很重要，要慢慢地熬炖，味道才能尽显其中，火大或者过旺，很快就会糊底。斗嘴也是有讲究、有技巧的，在对的时间、对的地点用对的方式和对的人充满爱意地斗嘴，能够使斗嘴发挥非常积极的作用，只有掌握了火候，才能够让爱情升温，让恋爱的双方更加深入彼此的内心。

◆ "忌妒"，让爱情生辉

忌妒常被我们认为是一种不健康的心理状态，但是如果适度地使用忌妒，将忌妒用对了地方，就能起到积极正面的作用。适当的忌妒，能激发人的上进心，增强人的斗志。在爱情中，则表现为对爱情的珍视，同时也可以调剂感情。所以，在语言中借助适度的忌妒，能够使夫妻或情侣之间的情感在笑声中升华，增进彼此的感情，使爱情生辉。

小程是个憨厚的北方汉子，酷爱体育运动。妻子小青则是典型的南方女子，出身书香门第，喜欢绘画。二人虽然性格迥异，但婚后的生活倒也美满。

有一次，展览馆举办书画展览，小青希望丈夫可以陪她一同去看看。对美术不感兴趣的小程虽然十分不情愿，但最终拗不过可爱的妻子，两人一同来到展览馆。一踏进展厅，就见展厅中央一群男人围着一幅画正在品头论足。小青就对丈夫说："看看人家多有品位，现代社会不懂艺术的人会被耻笑的。"小程听了很不服气，便对妻子说："你先在这儿看，我也去那边看看。"于是他挤进了人群。小青参观完了，发现中央那幅画前依然围着许多男人。

好奇的她费了九牛二虎之力才挤了进去。原来这是一幅人体艺术画，画中是一裸体美女，下身只有一片树叶遮盖，画得逼真极了。她这才恍然大悟，终于明白了这里为何始终围着这么多男人。于是她想起了丈夫，果真发现丈夫正一手托腮目不转睛地盯着这幅画。小青悄悄凑过去，用手肘轻轻碰了一下正在聚精会神欣赏裸女画的丈夫，说道："亲爱的，别看了，那片树叶秋天才能落下来呢！"

夫妻生活中，忌妒的现象非常普遍，尤其是妻子的忌妒，更是层出不穷。一个聪明的妻子在发现丈夫似有"越轨"行为时，不会把整个醋坛子打翻，当然也绝不姑息丈夫的行为，她们往往通过幽默的表达，不伤害丈夫，但是一定让他闻到酸味。

倘若妻子发现丈夫有"越轨"行为时，一下子就把整个醋坛子打翻，时间久了，夫妻之间便会产生不可调和的矛盾。不过妻子一旦采用忌妒性语言，效果就不同了。这样的语言不仅产生了幽默，而且还提醒了丈夫，能产生良好的心理效应。

周末，丈夫陪着妻子小雪逛商场，小雪发现丈夫总不停地瞟旁边的一位漂亮的售货员，于是便贴着他的耳朵说道："亲爱的，你去对她说句话吧！"

"为什么？"丈夫不解地问。

"不然别人会以为你对她想入非非了！"

聪明的小雪巧用忌妒的语言对丈夫的行为进行了责备，幽默而又含蓄。简单的一句忌妒的话，既顾及了丈夫的面子与自尊，同时也表达自己的醋意，表达了自己对丈夫的在乎与不满，让丈夫既知趣地收敛，又能因自己的忌妒而充满甜蜜。

当夫妻之间发生不愉快的时候，双方都应当学会用机智幽默的忌妒性语言来化解，这样做，不仅可以有效缓解夫妻之间的矛盾，顾及彼此的自尊，而且能切中要害，又点到为止，使夫妻间的感情进一步加深。适度的忌妒让爱情更美满更幸福，丈夫也好，妻子也罢，懂得在婚姻中用巧妙的语言而不是偏激的行为来展示自己的忌妒，都不失为一种明智之举。

◆ 采用含蓄的示爱方式

面对心仪的对象，很多人都会有"爱你在心口难开"的情况。也许是因为自己的感情太真挚，太在意对方，所以怕说出口来被对方拒绝而心痛，一些人甚至会认为被拒绝是一件很没有面子的事情。于是，明明彼此心里相互有好感的人，却在那儿相互试探，猜来猜去。

有时候，由于男女间的感情很微妙，让人难以捉摸，很可能会错意，从而错失一段好姻缘。这时，不妨采用含蓄的示爱方式，一步步地去探寻想要的答案。即便对方不接受，也不至于伤害彼此之间的感情，当然，如果两情相悦，那这种含蓄的示爱方式，会带给彼此最真诚、最难忘、最温馨的回忆，迅速占领爱的高地。

马克思向燕妮表达爱情的方式可谓典范。

马克思在向燕妮表达自己的爱情，提出求婚时说："我已经爱上了一个人，决定向她求婚……"

一直深爱着马克思的燕妮听了不由得一怔，连忙问道："你很爱她吗？"

马克思热情地说："爱她！她是我遇见的姑娘中最好的一个，我将永远从心底爱她！"燕妮信以为真，强忍住内心的痛楚，平静地说："祝你幸福。"

这时，马克思风趣地说："我身边还带着她的照片呢！你想看看吗？"此刻，燕妮心里急了，她问："你能告诉我，你所选择的恋人是谁吗？"马克思把一只精巧的小盒子递给燕妮，并说道："等我离开后，你打开它，便会知道。"

马克思走后，燕妮怀着忐忑不安的心情，小心翼翼地打开了小盒子，里面只有一面镜子，镜中照出了燕妮自己美丽的容貌，燕妮顿时恍然大悟。

表达爱情的方式多种多样，从中也可以反映一个人的性格、修养和情趣。如同写文章一样，马克思借助欲扬先抑的手法，含蓄而尽情地向燕妮表达了自己的浓浓爱意，成就了一段爱情佳话。

无独有偶，俄国作家陀思妥耶夫斯基也是用出奇的方式和语言房获了爱人的芳心。

陀思妥耶夫斯基在妻子病逝后，为了还债为出版商赶写小说《慵徒》，于是请了一位速记员，叫安娜·格里戈里耶夫娜。安娜工作认真、细心体贴，陀思妥耶夫斯基在完成书稿后，早已爱上了他的速记员，但不知道安娜是否愿意做他的妻子。

有一天，陀思妥耶夫斯基把安娜请到自己的工作室，对她说，他正在构思一部小说，结尾部分还没有安排好，一个年轻姑娘的心理活动他把握不住，想征求安娜的意见。他所说的主人公的经历很像他自己："小说的主人公是个遭受不幸但渴望爱情的艺术家，并且已经不年轻了。他喜欢上一个善良体贴的年轻姑娘，但两个人性格、年龄悬殊，很难结合。那位年轻的姑娘会爱上艺术家吗？"

安娜激动地回答："怎么不可能？如果两个人情投意合，她为什么不能爱艺术家？难道只有相貌和财富才值得去爱吗？只要她真正爱他，她就是幸福的人，而且永远不会后悔。"

"你真的相信，她会爱他？而且爱一辈子？"作家有些激动，又有点犹豫不决，声音颤抖着，显得窘迫和痛苦。这时安娜才彻底明白了作家的用意。她也是爱他的，于是安娜坚定地告诉作家："请听我的回答，我爱你，并且会爱一辈子！"之后不久，他们就结为夫妻了。

在安娜的帮助下，陀思妥耶夫斯基创作出了许多不朽之作。陀思妥耶夫斯基向安娜求爱的高招，也被世人当作爱情佳话，久久流传。

确实，求爱者向对方示爱，既不好直接表白，又不好请中间人帮忙，因为自己根本没有把握对方会不会接受，而一旦被拒绝，双方就会变得非常尴尬，甚至连朋友也做不成。这时候，采用含蓄的示爱方式是最恰当不过的了。

◆ 莫让无话不谈变成无话再谈

热恋中的情侣由于彼此亲密无间，常常会无话不谈，什么都告诉对方，什么也都想了解。殊不知，恋爱语言中也有不可涉足的"雷区"。误入爱情的"雷区"，小则会引起彼此之间的误会或者争吵，大则可能会导致分手。即便你们是最最亲密的爱人，下面这些规则也要遵循。

1. 伤害自尊的话莫要说

随着恋爱双方关系的逐步加深，彼此之间的言语也会变得随便随性起来，有时候说话甚至会口无遮拦、无所顾忌。但不论怎么随便，都要把握好一个"度"，即言谈不得伤害对方的自尊。否则，即使对方知道是在开玩笑，心里也会感到不舒服。

对一个人来说，自尊是十分重要的。恋爱中的男女更要尊重对方，尤其是在有外人的情况下，更要尽力维护对方的尊严。

品评对方父母的话不要讲，谁都不喜欢听到别人当面批评或者指责自己的父母，即便是恋人也不例外。

男孩："你最崇拜谁？"

女孩："我最崇拜我爸爸，他是我心目中真正的男子汉。伟人、英雄固然伟大，但他们都离我们太远了，不是吗？"

男孩："这么说，你爸爸就是你心中的神？"

女孩："那当然。"

男孩："你心目中的神只不过是个小职员，有什么了不起？"

相信这个女孩必定会和男孩大吵大闹一番，然后与他分手。

2. 不过多谈及对方前男友或者前女友

恋爱中的青年男女或多或少地存在着自己的"敏感地带"，即使是开玩笑也不要触及对方的"敏感地带"。一般来说，敏感话题都带有一些隐私的性质，虽然是恋人关系，但双方都有各自的心理空间。比如，最好不要谈及恋人的前任男（女）友之类的话题，这会给对方造成一种不信任的感觉，甚至觉得你心胸狭窄，斤斤计较。

同时，过多谈及对方以往的恋爱史，不但会引起对方不愉快的回忆，也会让自己在心里不停地去比较，造成心理不平衡，势必会给两个人的爱情道路设置定时炸弹，说不定哪天两人闹矛盾，就会把这些旧事拿出来相互攻击，最终伤及感情。

3. 不合时宜的话莫说

恋爱时交谈的内容应随着双方关系的发展循序渐进，而不能不合时宜，不切实际。如果在恋爱初期就谈到热恋阶段才能说的话，比如"以后生男孩还是生女孩"之类的话，对方就会处于尴尬境地。

不要总说些超越现阶段实际情况的话，也不要乱许诺、夸海口，这会使对方感觉你在骗她，从而对你失望，甚至反感。

4.不要动不动就说"分手"

恋爱中，有些人总爱时不时地开个玩笑来考验对方，看看对方"到底爱我有多深"。开个小小的玩笑倒也无妨，但过分的玩笑不仅会对对方造成心理伤害，还会葬送自己的爱情。比如，以假装分手来考验对方，这种玩笑就有点过了。这会让对方觉得，彼此相处实在太累了。动不动就拿分手作威胁，会给人内心不成熟意气用事的感觉，让人觉得不可靠，同时，也会让人产生你把感情当儿戏的感觉。分手

的话说多了，不定哪天你只是想吓吓对方，对方就当真了，让自己后悔莫及。

恋爱中的人，最好不要随随便便说"分手"，就如同夫妻之间闹了别扭不能随便说"离婚"一样。这种玩笑会给对方的感情与心理带来极大的伤害。

◆ 制造一场完美的话别

美妙的约会可以变成一段甜蜜的回忆，成就一段美好的姻缘，而约会时的话别更有着不可替代的作用。恋爱中，关于未来、关于两个人关系进展如何是谁都没有办法预料的。而约会后的话别在这里就像一个关键的链接，连接的是两颗本来还可能犹疑徘徊的心，让彼此心目中都对美好的未来有莫名的期许。

而以后的交往与联系就是为了完成这份期许，恰到好处的有效的话别则使这份期许由不确定变成了确定。当对方从我们口中收到的是正面的希望进一步发展的信号时，他（她）的想法也会不自觉地朝着同一个方向前进，原来犹疑徘徊的心也会随之变得坚定。如此一来，爱情自然很容易开花结果了。

如何让约会话别既充满恋人间的柔情蜜意，又能体现分离时的依依不舍呢？下面就有几种美好的告别形式：

1.要把你的美好感受告诉他（她）

在告别时把自己在约会中的美好感受告诉对方，适当地赞美对方，会让对方回味无穷。

晚风习习，朦胧的月色下，话别在即，可以这样说："真是一个难忘的夜晚，真希望时间可以过得慢一点。"相信对方今晚就算不失眠也会用大半夜的时间来回味这句话与约会中的每一个细节。谈话过程中夸奖对方，会容易被对方认为是在恭维。但话别时的赞美，却有非比寻常的作用。

2.余音绕梁，乐于回味

在适当的时候可以告诉她："还真不想就此回去。"这比微笑地道一声"再见"要强几百倍。听了这样的话，相信任何一个人心中都会涌起喜悦之情，甚至可能会更亲热地拥抱你一会儿。

还可以在告别之后，在对方已经走出几步远时，突然跑上去给对方一个亲吻或者拥抱，并柔声告诉他（她）："做个好梦。"对方可能会有点受宠若惊，想必他（她）会更加爱你。

3.面对约会中刚刚发生的不快时，巧用无声的语言增加爱意

约会的过程中难免会有不快，如若没有用合适的方式来进行补救的话，很可能会落得个不欢而散，也说不定难有补救的可能。那么，当一场约会即将以不愉快的形式结束时，不妨借用一下无声的语言来化解方才的所有不快。一方不妨走过去，在对方的手上认真地画出三个字"对不起"，一切误会都能过去，这种无声的言语胜过千言

万语。

　　爱情在每个人的心目中都是美好而浪漫的，约会则是这场浪漫盛宴中绚丽的华彩，能否让这份绚丽留在对方的心中，进而赢得对方的心，就要靠约会后的话别来实现。约会后巧妙地话别，那种温情与体贴，会使恋人依依不舍、念念不忘、回味无穷。

　　约会离别时的印象能否在对方心中激起波澜足以左右整个约会的结果，成败与否很大程度上取决于最后一刻的表现。所以，要想让对方有激动难忘的约会心情，要想深得他（她）的心，就应当学着制造一个完美的话别，这会产生你意想不到的效果，要想和你的他（她）有进一步的发展的话，那就赶快行动吧。